Leap to Lead

From Obscurity to Excellence

职场跨越

从默默无闻到不可替代

胡浩 ◎著

机械工业出版社
CHINA MACHINE PRESS

许多工作几年的职场人，在遇到个人发展问题时，总是习惯于"向外求解"，抱怨工作机会不公平、大环境不好、人际关系差……不可否认，一些问题的确现实存在，但真正解决问题的办法其实是我们自己的"内在修炼"。资深管理咨询专家胡浩认为，在职场中，真正要追求的不是在目前所在的单位或岗位上获得升职加薪的机会，而是不断提升我们的职场价值，锻造个人品牌。作者基于多年的管理咨询经验和观察体会，阐述务实的、贴近普通职场人的精进方法和案例，为渴望成长的职场人给出一份关键指引：每个人都可以获得跨越式发展，现在就开始吧。

图书在版编目（CIP）数据

职场跨越：从默默无闻到不可替代 / 胡浩著 .

北京：机械工业出版社，2024. 8. --ISBN 978-7-111 -76050-4

I. C913.2-49

中国国家版本馆 CIP 数据核字第 20243GH881 号

机械工业出版社（北京市百万庄大街 22 号　邮政编码 100037）

策划编辑：秦　诗　　　　　责任编辑：秦　诗
责任校对：龚思文　李小宝　　责任印制：李　昂

河北宝昌佳彩印刷有限公司印刷

2024 年 8 月第 1 版第 1 次印刷

170mm×230mm · 17.75 印张 · 1 插页 · 191 千字

标准书号：ISBN 978-7-111-76050-4

定价：69.00 元

电话服务　　　　　　　　　　网络服务

客服电话：010-88361066　　机 工 官 网：www.cmpbook.com
　　　　　010-88379833　　机 工 官 博：weibo.com/cmp1952
　　　　　010-68326294　　金 　书 　网：www.golden-book.com

封底无防伪标均为盗版　　机工教育服务网：www.cmpedu.com

很荣幸为胡老师即将出版的又一部大作《职场跨越》写几句话。他是我在企业大学工作期间，应邀为我们的干部授课的最值得尊重的讲师之一。本书针对职场人职场幸福感缺失的问题进行了深度思考，创造性地提出职场价值曲线模型，并分别从开启智慧、价值型工作法和内在能量修炼三方面系统提供思维模式和方法论，从而推动职场人实现职场跨越发展，最终到达"价值高原"。本书是一本职场人不可多得的指导手册。

——浙江华友钴业股份有限公司管理学院常务副院长　闻曙明

我个人对好书的定义很简单，一本好书不仅要通俗易懂、娓娓道来，更重要的是，让读者在掩卷后，或茅塞顿开，或回味悠长。胡浩老师的

《职场跨越》，用三封信开篇，向读者展示了职场中的三个典型案例，紧接着有针对性地提出了解决方案，开出了三个药方，对症下药，让人颇受启发，读后意犹未尽。无论你处于职场的哪个阶段，无论你是否遇到了职业发展的瓶颈，都值得一读。

——麦捷科技副总经理、深圳特发集团前人力资源总经理　邓树娥

职场，亦是人生的修炼场，更是人生价值的实现舞台。俗话说，成功无捷径，但要在职场上取得成功，却又有根本的遵循和方法，那就是要有不断追求进步的上进心和勇于担当的精神。胡浩老师在长期的工作实践中，总结了职场的三个阶段，即开启自我发展的智慧、凸显职场价值的工作方法、构建内在能量体系，职场人经历了这三个阶段才有可能持续向上发展，最终达到稳定高价值的"价值高原"状态。相信本书将成为你在职场上走向成功彼岸的指南针。

——深农集团人才发展与研究中心主任、深圳海吉星马克市场
管理有限公司董事长　谢微鹏

我在担任欧普书院院长一职时与胡浩老师相识。胡老师对项目管理、战略管理的独到见解令人印象深刻。近期有幸提前拜读胡老师的著作《职场跨越》。在这本书中，胡老师以独特的视角切入职场困境，为职场人量身打造了一套旨在跨越障碍、提升工作效率和个人价值的 SOIP 工作法。这套工作法如航船之罗盘，在茫茫职场之海中，为你指引迷津，助你破浪前行；又如鲲鹏之双翼，赋予你扶摇直上九万里之疾风，为你遂凌云之志！

"沉舟侧畔千帆过，病树前头万木春。"如果你渴望在职场上突破瓶颈，跨越障碍，越过困境，那么将《职场跨越》作为案头必读书绝对是你不可错过的选择。

——欧普照明集团欧普书院前院长　高瞻

职场中常见相同的职业起点，发展路径和结果却大相径庭。有些优秀职场人不断自我迭代，跨越本书提到的职场生涯的三个阶段最终踏上"价值高原"，逐渐成长为企业不可或缺的价值型人才。有些职场人遇到困境选择跳槽，可是到新岗位后不久仍是步履维艰，职业发展势头每况愈下。还有一些职场人选择庸碌地过完一生。开篇的三封来信正是目前职场人的普遍困境，如果人生也有解决方案，那么我们的人生会不会变得更好？

胡老师是深受我们集团管理者欢迎的老师，我一直认为胡老师是国内顶级的管理顾问，长期以来他也为诸多央企、国企、上市企业等做管理咨询和干部培养。我们都很期待他能创作一本关于个人职场进化的书，终于这本书来到了我们身边。这本书让我们系统化地从认知维度、策略思维和内外兼修的动力、个人发展的战略等方面找到职场价值提升之路。这是一本职场人必备升级宝典，相信你将收获"只身一人也可挡千军万马"的力量。

——夏商集团人力资源部副总经理　林琦毅

能成为胡浩老师公益读书会的学习官、领读人，我特别自豪，如今能为胡老师的又一力作《职场跨越》递上肺腑之言，更为荣幸。作为一名普普通通的实战职场管理者，我曾无数次在工作迷茫中摸索，在管理痛苦中前行。就在学习了胡老师的热门课程"结构化思维"和"项目化管理"的真知灼见后，我如遇神灯般被突然唤醒，开始沉迷于经典管理图书的深度阅读、践行与分享，享受、拥抱和跨越着一个个突如其来的工作挑战和成长。有幸拜读这本《职场跨越》后，我更是深信，职场精进可以自我调频，进阶到一种嘴角上扬的职场幸福态频道。终身成长就是价值增长，更是终身滋养。这是让人在职场中感受到幸福的密码。我特别希望更多的职场人，更早体验到这份滋养。

这本《职场跨越》是继胡老师上一本书《将战略落地》之后的又一本职场人士必备宝典，胡老师不仅仅从道、法、术系统化深刻剖析职场价值曲线、内在智慧开启，更用 SOIP 工作法、内在能量修炼的底层逻辑打通职场人生。阅读中，我总能感受到胡老师既像朋友，又像智者，既能身临其境般连工作中的小细节都懂你，又能站在高维视角像军师贵人一样帮你。无论你身处职场哪个阶段，遇到职场哪种不开心，读这本书都会深感胡老师从职场人的内在声音出发，给你能量，让你练就心力、升级思维、手握武器，等你叩开属于自己的职场跨越之门。

职业精进、**场**场通关、**跨**过内心、**越**（跃）迁无限，《职场跨越》值得每一位期待职场幸福感、热辣滚烫人生的你，一读再读！

——启德教育集团加拿大项目总监　罗琼

为什么很少有人能感受到职场幸福

工作占据了我们生命中很大一部分时间，如果不能在职业生涯中感受到幸福，那人生的幸福感必然受到很大影响。

但是，工作会受到多方面的影响，无法完全按照自己的想法去开展，不可避免会给我们带来压力和烦恼。如果把生活中不如意的原因指向工作，继而带着压力和抱怨去面对工作，疲于奔命之余，又把工作中的情绪带回到生活中，就会陷入工作和生活的负面循环。

一位职场人这样说："幸福是什么，脑袋里早已经没有画面了，感觉也不可能有好机遇，那就用'平平淡淡总是真'来安慰自己吧。但看到别人有好的发展，想到自己日益增加的家庭开支和孩子培养等，就焦虑不堪。"

人们当然想获得幸福的人生，渴望更进一步，改变当前的命运，每天早出暮归，工作上兢兢业业，试图通过投入更多努力、更长的工作时间等来实现目标，但绝大多数人却没有取得令人满意的发展。应该静下心来思考，为什么当前的状态不是我所希望的？为什么每天一睁眼就是无穷无尽"令人讨厌"的工作事宜，为什么我对很多事情都提不起兴趣？

在一次对资深经理人的培训中，我问学员："从踏入职场到现在，你们有没有经历过这样的阶段：每天一醒过来就很想去工作？期待上级给自己下达任务？就像身上装了电动马达那样停不下来，希望承担更多工作？并且因为忙碌而感到开心愉悦？"

他们听到这个问题后觉得不可思议——现在多希望能少一些工作啊，但稍加思考后就发现，自己真的经历过这样的状态，只是已经久远得快遗忘了。

有这样一些回答：

- 有过这种情况，是在刚入职的时候，大概只持续了一个月。
- 刚升职管理层的时候，想体现自己的价值。
- 团队攻关有挑战的项目的时候，喜欢大家一起奋斗的感觉。
- 失业一段时间，突然来了个不错的录用通知的时候。
- 刚踏入新的行业，要学很多新东西，感受到自己每天都在成长的时候。
- 遇到好领导的时候，他愿意给机会培养我。

● 被任命去负责某个重要项目，感觉特别受认可和重视的时候。

…………

可见，当初在这些状态下，即使工作强度大，而且职位和薪酬远不及现在的水平，也都每天主动积极地想把事情做好，能心无旁骛地去钻研和解决问题。人们对当时的自己感到不可思议，现在无论职位还是薪酬、工作环境都已经提升太多，却感受不到工作的快乐了。当时到底是为什么呢？资深经理人都想找回当时的状态。

原因很简单，当时每天都在成长，职场价值在"肉眼可见"地增长，感到有奔头！这种情况下，精神力量会抵消身体的疲惫感，甚至能体会到"心流"的存在。

价值增长，这是让人在职场中感受到幸福的密码。正如亨利·戴维·梭罗所说："最令人鼓舞的事实，莫过于人类确实能主动努力提升生命价值。"

而那些陷入职场发展困境的人则表现出这样的情况：总是期待机遇降临，祈祷命运好转，最喜欢说的一句话是"要是我也能有……那就好了"，他们把自己的发展"依附"到外部因素上去。对于职场发展困境，究其本质，源自三个问题。

问题一，自我设限。

当职业梦想变得遥不可及时，很多人认为是受到社会环境和运气的影响，甚至自嘲说："现实就是用来磨灭梦想的！"真的是这样吗？在工作中，很少有人愿意去"碰钉子"、去打破常规，看似是为了避免问题的发生，实际上却失去了发展机会，因为机会往往藏在难题后面。

有的人渴望成功，却在工作中表现出"看不起自己"的样子，因为他们每天都在告诉自己这个不行、那个不能做，不断地增加自我限制。当遇到有挑战性的工作时，他们就会做出这样的反应："太难了，我应该做不到吧""我怎么可能做得到"。于是，他们对职业发展目标从"想"到"不敢想"，再到"没法想"！正如罗素所言："很少有人意识到，他们并不是被机器夹住无法脱身，而是踩在跑步机上，浑然不觉他停在原地是因为跑步机无法带他前进。"[⊖]

如果你希望在职业生涯里感受到幸福，请不要将成功人士的"风光"和自己不满意的现状做对比，更不要因此告诉自己"不行"，这只会让你越发不自信，你必须减少自我限制，相信自己可以更好，才能创造出想要的生机勃勃的状态。

问题二，缺乏价值目标。

有人这样说："工作能挣到钱，能让我买房买车，能养孩子，就是幸福的，如果没钱没职位，有什么幸福可言。"相信这句话会引起很多人的共鸣，可是他们即使实现了"挣到钱""买车买房"，也始终无法感觉到幸福的职场状态，工作成了很累又不得不做的事，让人疲于奔命。

⊖ 罗素.罗素论幸福 [M].左安浦，译.南京：江苏凤凰文艺出版社，2021：33.

职业生涯是人生最重要的部分之一，为什么无法在其中感受到幸福呢？

有一位管理者，多年来工作状态都很好，每天最早到公司，凡事以身作则，对下属的问题也积极关心和支持。可是当他升任集团领导后，不到一个月，下属们都感受到了他的变化：对创新工作不再关心了，对重要事项迟迟不做决策，凡事不求做好但求没错，总是责怪员工不给力……而且大家发现，他的精气神远不如从前了。

为什么有如此变化呢？其实他最大的目标就是当上集团领导，并没有把公司变得更好当作自己的目标。一个人在实现了短期的、以利益为核心的目标后，就不会再获得支撑的力量。缺乏对价值的追求，只盯着物质目标追求的人难以体验到真正的事业幸福。

在瑞·达利欧所著的《原则》一书中，有这样一段文字令人印象深刻：

年轻时，我仰慕那些极为成功的人，觉得他们因为非凡而成功。当我认识这样的人后，我发现他们都像我、像所有人一样会犯错误，会为自己的弱点挣扎，我也不再觉得他们特别与众不同、特别伟大。他们并不比其他人更快乐，他们的挣扎与一般人一样多，甚至更多……我逐渐认识到，成功的满足感并不来自实现目标，而是来自努力奋斗。想要理解我的意思，可以想象你最大的目标，不管是什么：赚很多钱、赢得奥斯卡奖、经营一家了不起的机构，或者成为运动明星。再想象一下你的目标突然实现了：一开始你会感到快乐，但不会很久，你将很快发现，你需要为另一些东西而奋斗。看看那些很早就实现了梦想的人，如童星、中彩票者、很早就达到巅峰的职业运动员。假如他们没有对另一些更大的、更值得追求的东西产生热情的话，他们通常最终不会快乐。"⊖

这段话值得反复阅读和思考，也印证了我在职场中的所见：那些通过工作感受到幸福的人，无一不是追求高远目标且不断提升自我价值，致力于做出更大贡献的人。

问题三，缺乏成长型思维。

如果你总是选择做那些早已擅长的事，通过做好它们来证明自己的价值并感到愉悦，而在被评价不佳或者没有获得预期结果时，就感到失望，从而采取退缩、回避等行为，这叫作表现型思维。

如果你能转换思维：除了熟悉的事，还应该进行挑战，现在所做的一切都是为了自己能更好地成长，无论表扬还是批评，都要从中找到对成长有益之处，那就不会受到暂时不如意的影响，只要自己有成长就好，这就是成长型思维。

有两位员工没有得到年度涨薪机会，一位很受打击，觉得上级不认可自己，因为他并不认为得到机会的人比自己优秀，于是工作积极性大幅下降，工作表现越发差了。而另一位则冷静下来思考自己哪些地方还存在不足，并没有丧失信心，而是更加清楚如何做才能在未来赢得机会。

可见，人在两种思维下的表现截然不同，表现型思维的人会更看重眼

⊖ 达利欧. 原则 [M]. 刘波，綦相，译. 北京：中信出版集团，2018：124-125.

前表现，这让他们少有突破和挑战，自然难有进步；而成长型思维的人则会在身体里形成一股主动的力量来推动自己成长，持续成长给人的感觉是最美妙的，哪怕遇到不愿做的、不喜欢的事，哪怕遇到质疑甚至否定、指责等，他们仍然能从对自身成长有益的角度看待问题，仍然能保持积极的心态。

自我设限、缺乏价值目标、缺乏成长型思维，这三大问题是阻碍人们获得职场幸福感的主要因素，只有你意识到自己是职业生涯的"经营者"，才会看到并解决这些问题，走上正确的轨道。

需要提醒的是，许多不甘于现状、渴求快速发展的职场人，他们四处寻求"灵丹妙药"式的答案来回答问题："我怎样才能升职加薪""怎样才能获得上级的重视""我怎样才能在竞争中脱颖而出"……对于这些问题，本书无法给出答案，因为职场发展没有速成之法，也没有灵丹妙药。市场上号称能让人快速晋升的书和课程，其实只是抓住职场人急切速成的心理而设计的商品。笔者认为，职场发展是一套系统运作的模式，并非一蹴而就，这也是本书的核心观点。

谁需要读这本书

- 也许你的职业生涯起点并不高，在努力做好每一天的工作，希望尽可能让自己有更好的未来，但心中的期待却总被现实打垮，"我只能这样了"这个声音在心里变得越来越清晰，自己越来越不自信。
- 你已经努力成为企业的骨干或管理层，但感觉到上升的空间开始收窄，未来的发展路径变得模糊，心中也存在着几个问题：如何面对职场竞争？如何继续提升职场价值？如何提高在企业中的不可替代性？压力越来越大，却又没有精力去思考如何才能获得更进一步的发展。

- 你有着数年的工作经验，工作认真、努力，却始终没能成为上级眼里的"高潜力人才"或"重点培养人才"。也许你的能力出众，却只能眼睁睁看着各方面都不如自己的人获得了更好的机会，开始产生各种抱怨。

如果你遇到以上的情况，那我最想告诉你的是，一切都还来得及。本书将帮助你找到支撑职场价值不断向上发展的力量，这包括开启自我发展的智慧、价值型工作法、内在能量修炼，本书将带领你一步步地实现个人职场价值的跨越，最终获得令人惊喜的发展。

如何使用本书

能在个人职场发展领域贡献一本较为系统化、实战化且能引导人们长期修炼，走向个人职场价值增长的书，是笔者的价值追求。

我并不想列举那些受人瞩目的名人是如何成功发展的，那是成功学最喜欢用的方式：举出众多令人热血沸腾的例子，令人徒生羡慕，却不知如何行动。**职场跨越**，是专注于自身价值提升的一套思维模式和系统方法。人生最值得投资的就是自己，工作本身并不能带来职场竞争中的安全感，具备良好的思维认知、持续学习能力、创新与高效的工作法，拥有强大且持续的内在能量，才能立于不败之地。即使你所获得的实际报酬暂时低于你的价值，这也无须担忧，因为你所拥有的价值是客观存在的。

本书的内容很丰富，第一篇"职场价值曲线的跨越发展"首先解决职场发展思维的问题，这一篇中提出了职场价值曲线模型，帮助你认知到提升职场价值才是个人发展的核心目标。

第二篇"第 I 阶跨越：开启自我发展的智慧"将带你进入职场价值发展的第一个跨越阶段，正如美国作家弗格森所写："谁也无法说服他人改变，因为我们每个人都守着一扇只能从内开启的改变之门，无论动之以情还是晓之以理，我们都不能替别人开门。"很多人抱怨缺乏机会或者运气不好，实际上他们是对自己可以获得的发展空间缺乏自信，所以首先要做的是不再给自己找理由，真正阻碍发展的是内心的各种限制，做自己人生事业的 CEO，才会一心向前，用无路可退的心态来不断挑战固有认知和做法。

第三篇"第 II 阶跨越：凸显职场价值的 SOIP 工作法"介绍如何在组织中把事情做成并凸显价值的工作法，掌握它们能帮助你在竞争中脱颖而出。许多职场人有着丰富的技能和经验，却无法得到组织的青睐，这是普遍存在的短板：人们并没有学习过如何凸显自己的价值。SOIP 工作法针对职场人缺乏的工作策略能力、融入组织的能力、工作创新能力以及解决问题的能力进行详细解读，并且通过案例和练习让读者能有效地实践应用。

第四篇"第 III 阶跨越：构建内在能量体系"会告诉你，要从默默无闻走向不可替代，仅有思维和做法是不够的，还必须加强自己的"产能"建设，只有通过持续修炼自己从而拥有强大的内部能量体系，才能追求长期职场价值的提升，最终实现对自己职场命运的自主管理，自主不是随心所欲地安排工作，而是清楚自己要去哪里，知道通过什么样的行为能到达目的地，避免被动应付或者因急于求成而选择错误的"捷径"。

如果你时间有限，想尽快获取自己需要的内容，建议打开书先读完第一篇，在职场人的三封来信中，看看你的情况接近哪封信里的描述，然后找到相应的篇章进行阅读和学习。

本书务实地提供提升职场价值的系统化指引：平凡职场人不应丧失对自己的期待，要敢于不断跨越，只要你真的这样去做，就能获得属于自己的职场价值。

无论你的现状如何，都请对自己有耐心和信心，按照本书的跨越指引去实践，正如史蒂芬·柯维所讲："我真心地希望你能打开自己的改变之门，自我成长是神圣的，同时也是脆弱的，是人生中最大规模的投资。虽然这需要长时间下功夫，但是必定会有鼓舞人心的直接收益。"⊖你将开启职场价值曲线发展之旅，它会引导你将时间和精力投入到正确的认知和行动中，只要你意识到解决问题的关键在于自己，坚持按照本书的指引去长期实践，你的职场发展就一定会得到助益。

本书所提及的思维方法和工具，如果能对更多普通的职场人，尤其是

⊖ 柯维. 高效能人士的七个习惯 [M]. 高新勇，王亦兵，葛雪蕾，译. 北京：中国青年出版社，2008：16.

那些已经在现实工作中逐渐失去期待的人，有些许启发和指引帮助，笔者就会感到无比愉悦。在写作本书之外，笔者还为职场读者提供了扩充的学习资源，以帮助读者通过持续的学习和实践来拥有更高的职场价值。

我在公众号"**胡言非语**"（公众号 ID：hutalking）撰写管理和职场类原创文章，在知识星球"**职场跨越**"（星球号：46038473）进行个人成长赋能分享。本书的框架、模型和内容基于笔者长期的职场实践和总结归纳，在撰写本书的过程中参考了诸多国内外优秀著作，也有跨学科知识的借鉴，这些内容已经转化为笔者自己的理解而在本书中呈现出来，在此致以敬意。

目 录
CONTENTS

《《《《 第一篇 》》》》

职场价值曲线的跨越发展

    每个人都希望在职业生涯中不断向上发展，却往往事与愿违，调查数据显示，近七成职场人正处于迷茫状态。

- 48.37% 的职场人表示"以前为梦想打拼，现在却为生活奔波"，迷茫在现实与梦想的差距之中。

- 37.68% 的职场人则迷茫于未来发展，每逢新人入职，似乎都在提醒自己竞争力的下降，他们无奈地表示："工作节奏越快，越没有时间和精力去提升自己。知道应该做什么，却从来不愿意投入精力和时间去做什么！"[一]

    在职业生涯刚开始的阶段里，只要勤奋努力、尽职尽责，就可以看到明显的成长，但在成为骨干或者管理层之后，成长速度反而慢下来，甚至停滞，即使把工作做得更熟练，投入更多精力也难获得新的提升机会。

    职业发展停滞的核心原因在于两点：

    第一，职场竞争越发激烈。

[一]　叶丹，90后步入"中年"，八成职场人遭遇"中年危机"。

竞争源于资源的稀缺性，企业里的资源当然是有限的，例如晋升机会、薪酬提升、锻炼培养的项目等，会向那些最有潜力、能帮助企业赢得未来的人倾斜。如果总是试图用在过去有效的方式获得未来的发展，即使埋头苦干，也会因为"无效努力"而不被重视。

第二，所追求目标的局限性。

如果将视线仅仅放到当前的团队，就容易让人满足于已有的能力和经验，没有动力去挑战更高的水平。这种"小范围满足"在淡化人们的提升意识，并且促使人将注意力集中到级别、工资、奖金的"争取"或者"比较"上，而不去思考自己该如何真正提升职场价值。如果能树立更高远的目标，将能力放到整个行业乃至社会上去比较，就会意识到自己的能力存在不足和局限性，并看到更广阔的空间。

薪酬和职位的提升总是有限的，而能够让人永远去追求且没有天花板的，是职场价值，也就是"身价"。但要注意，往往自认为在组织里很有价值的人，其实际价值就已经开始走下坡路了。薪酬并不等同于职场价值，即使在组织里获得了职位和薪酬的提升，也需要清醒地认知"我的职场价值到底处于何种水平"。致力于提升自己的身价，才会选择正确的做法而不急于求成，即使遇到短暂的困难或低谷也不会担心，正如《了凡四训》中所倡导的，"勤勉修身而又能安心等待"。

如果把职场价值的发展和变化轨迹呈现出来，我认为是一条走势有高有低的曲线，曲线在某个时期可能会迅速攀升走高，也可能会进入持续走低；可能会很顺利地攀升，但也可能会像锯齿般上下波动。每个人都有着属于自己的独特价值曲线，最应该做的就是让它保持向上的走势。职场价值的不断提升，应该是贯穿整个职业生涯的主题。

当缺乏对"职场价值"的认知时，人就容易停留在职业生涯的某个阶段，产生迷茫感，不知道下一步该如何迈出。而当我们把职场价值曲线勾画出来，看到过去和现状，就会产生让它向上发展的期待。

人在职场，不进则退，只有立足于价值增长，才能在竞争中选择真正能赢的行为，把所有的波折都视作成长的过程而已。那么，该如何构筑和管理自己的职场价值曲线呢？本篇从典型的三种职场困境开始，探索解决之道，帮助职场人抓住跨越到更高价值层次的机会。

第 1 章

觉察：三封来信，三种困境

我曾经组织过一场关于"职场困境"的调研，借此了解职场人对于自我发展的看法以及制约发展的因素。在数百封信件中，有三封来信令我印象深刻，它们分别代表了职场人会遇到的三种困境。

本章希望通过这三封来信使读者能够对自己的状态有所觉察，像旁观者般客观地看到问题全貌，减少无意义的抱怨并产生改变的动力。

第一封信：学历普通的人，能拥有美好发展前景吗

我学历不高，目前在一家小公司里从事行政工作，每天起早贪黑，疲倦不堪，也看不到有什么发展机会。而那些学历高的人，起点高很多，在大品牌公司工作，收入高，公司有完善的培养体系，与我们有天

壤之别。可是我不甘心，起点低了就没有发展吗？

身上仿佛有沉重的枷锁，无力去打破它，心里有两个声音，一个告诉自己要改变命运，而另一个声音又告诉自己，认命吧，竞争太激烈，有份工作就行了。每次鼓起勇气想学习新技能或者制订长远规划时，又觉得很难实现，就放弃了。请问老师，我这样没有高学历和特长的人，也能期待有所发展吗？

来信分析：自我设限才是影响发展的首要问题

除了信里的情况，也有不少条件优秀的人在进入职场一段时间后，也开始怀疑自己是否命中注定就这样了，没有长期的目标，每天都在一种近乎死循环的状态下度过，这是进入了"自我设限困境"。

经过对数百位职场人的调研，我发现陷入这一困境的人，大都经历了表 1-1 中的心路历程而在行动上停滞甚至放弃。

表 1-1 走向自我设限困境的心路历程

顺序	心路历程
1	抱有良好远景，对未来充满希望，渴求发展
2	能看见的发展机会很少，感知到"实际工作的定位"与"成功人士"之间的巨大差距，产生无力感，告诉自己要认清现实
3	尝试提升能力，突破基础不足的束缚，但需要经历较长的过程，而生活和工作中各方面的压力似乎让人难以应付，心中一直有个怀疑的声音：我真的可以吗
4	在怀疑中努力，效果不佳，所处组织环境又缺乏关注和培养，内心开始认命，把目标变为隐藏起来的希望，"应付工作"成了最舒服的模式，虽然羡慕他人的成功，但每天只能按部就班
5	陷入困境，把"付出努力"视作没有结果的成本浪费，不相信自己可以成长到所谓的"成功"状态

从表 1-1 可以看到，从一开始的满怀希望到最后的怀疑自己，在所谓的"认清现实"中放弃了对自我成长的主导，自我设限的人往往认为成功是因为有天赋或者命运眷顾。

破解困境的关键在于走出"舒适区"，我们一般将储存旧想法的领域称为舒适区，尽管并不怎么舒适——只是熟悉而已。努力让自己从旧想法的束缚中解脱出来并开始改变，需要一次又一次地跨越熟悉区域的界限。[⊖]你需要下定决心进行认知的更新升级，这一内容在本书第二篇中进行详细解读。

成功本身是个较为主观的概念，对它的定义取决于你重视的内容和你周围的人，人们容易通过对比物质标准来判断是否成功，比如有多少财富，在公司里的职位高低等。[⊜]理论表明，不断将自己与周围人进行对比的人永远不会感到满足。当我们通过比较来衡量社会价值和自我价值时，我们就将自己放在了失败的位置上。[⊜]所以不要羡慕那些成功人士，事实上每个人都可以成功，因为天才是指我们每个人与生俱来的才能，通过适当的方法，我们也一样可以充分利用。[⊜]

我们需要重新定义成功：成功，是找到了自己最好的状态，即合理且满足的状态。

⊖ 施瓦茨. 可能性法则：量子力学如何改善思考、生活和爱的方式 [M]. 何芳，邓静，译. 北京：中信出版集团股份有限公司，2019：62.

⊜ 科特雷尔. 个人发展手册 [M]. 凌永华，译. 北京：中国传媒大学出版社，2020：22.

⊜ 亨施. 如何成为一个抗压的人 [M]. 李进林，译. 北京：北京联合出版公司，2019：29.

⊜ 艾利克森，普尔. 刻意练习 [M]. 王正林，译. 北京：机械工业出版社，2016：2.

第二封信：为什么埋头干活却得不到提拔

我是一名研发主管，参与了很多攻关项目，加班最多，也从来不跟别人产生矛盾。可是，每当有晋升机会时，上级就忘掉了我平时的付出，似乎就把我"焊死"在了主管的位置上。

最近这次经理岗位竞聘，本以为有我的份儿，但没想到提拔了一位资历远不如我的同事（他平时遇到问题常向我求助），现在他成了我的领导，这让我感到很不舒服。公司的理由是他更有潜力，公司认为他更能创造价值。这么多年我都在努力干好自己的专业工作，为什么就被认为不如他更能创造价值？难道埋头干活的人就得不到提拔机会吗？

来信分析：重新定义什么是人才

即使在专业上做得很好也难获得提拔，这是很多人遇到的问题，这时需要思考：企业为什么要提拔人？如果没有呈现能力提升的潜力，没有呈现工作价值的不可替代性（现实是，除了极少数核心领域的专家，商业环境中绝大多数岗位的工作技能和经验都可以通过招募和培训来获得），许多人的职场价值其实是在衰减的，这是进入了"静态人才困境"。

英特尔公司创始人安迪·格鲁夫在《格鲁夫给经理人的第一课》一书中写道：

"所有经理人都应该想办法让自己适应新环境。新环境的规则是：第一，事情的发生速度越来越快；第二，事情总有人能做——如果你不干，我们就另请高明。在20世纪60年代、70年代，甚至80年代，经理人成功的秘诀就是：看准一家好公司，进去后好好干，公司也会有所回馈，但现在可不同了。全球化和信息革命给每个人的职业生涯规划都带来了巨大的影响。没人欠你一个饭碗，你必须自己当家。你每天都得和上百万人竞争，得想办法提升自己对工作的贡献，加强自己的竞争优势。你需要随时学习并适应新环境，必要时可能还得从这家公司跳到那家公司，或是从一个产业跳到另一个产业……关键就在于，你要认清，只有你是自己的主人，如此你才不会成为这场硬仗的牺牲者。"[⊖]

认为自己足够努力却未能获得机会，特别容易产生挫败感，但正如格鲁夫所言，环境变了，竞争在加剧，组织和人都在时刻发生变化，要赢得向前一步的机会，就务必让组织和上级感知到你的工作价值是显著领先于他人的。

通过对以下问题的思考，你可以审视自己的"人才状态"：

- 你能清楚地列出来自己在组织中因为哪些优势而被认为是人才吗？这些优势在未来还能一直保持吗？

- 随着组织的发展，对人才的定义是否会发生变化？这些变化会给你带来哪些威胁和挑战？

- 你应该将时间和精力用于解决何种问题？这些问题的解决对于组织而言是重要的吗？相对于别人，你解决问题的效能是否有明显差异？

也许有人会问：难道常规工作就没有价值吗？当然有，但这只能证明你对当前职位的胜任，而不足以让你获得新的提升机会。对人才的传

[⊖] 格鲁夫. 格鲁夫给经理人的第一课：纪念版 [M]. 巫宗融，译. 北京：中信出版社，2013.

统定义是：人才是指具有一定的专业知识或专门技能的，人力资源中能力和素质较高的劳动者。具体到企业中，人才是指具有一定的专业知识或专门技能的，能够满足岗位能力要求，进行创造性劳动并对企业发展做出贡献的人，是人力资源中能力和素质较高的员工。

这样的定义，会让人们误以为只要对当前岗位胜任并持续保持努力，就能获得提升的机会，但它忽略了一个非常重要的问题：组织对人才的定义是动态变化的！

一个人因为过去的贡献和能力突出而被认为是人才时，会在潜意识里把"人才"这个标签当作是永恒的！事实上，企业环境、岗位要求在变化，团队其他成员的能力也在提升，有些技能已经不具备"不可替代的价值"，以前的人才光环在没有新的能量注入时就会褪色或者消失。

必须面对的现实是：只有具备较高"不可替代的价值"的人，才值得组织投入资源来培养。也许你的能力以前在组织里是不可或缺的，例如在业务发展前期，酒量好的人往往成为组织看中的"先锋队员"；自媒体刚兴起时，会编辑文章也称为热门技能……但满足于"过去的优势"的人都在后来遭遇困境，因为组织要解决的问题是不断变化的，在某个阶段的不可替代性并不长久，有些问题已经不存在或者能轻易找到很多"候选人"来解决。从外部环境来讲，科技的发展也导致岗位能力的快速迭代，即使是当下最热门的程序开发职位也正在受到挑战，英伟达 CEO 黄仁勋在对孩子的最新寄语中，认为生成式 AI 的未来发展大幅

降低了学习编程的意义。[○]

坚持以"价值"为导向来开展工作，是避免成为"过时人才"的重要方法，本书第三篇会对价值型做法进行详细解读。

第三封信：遇到"35 岁危机"该如何解决

我是一名已经 38 岁的中层管理者，以前没把"35 岁危机"当回事，总觉得自己在中层里还算年轻，但这两年突然感觉到压力了。首先，上升空间很有限，我已经在当前的职位干了五年，看不到晋升的可能；其次，公司提倡干部年轻化，最近提拔的中层大多数 30 岁出头，甚至有两个不到 30 岁的，自己也明显地感觉精力不太够，知道公司的新战略方向很重要，却腾不出手来思考和调整，也想过看看外面有没有好机会，可是投了几份简历都石沉大海。

这样一直干下去，能不能保住现在的位置都不好说，我觉得很困惑，人到中年就一定会遇到发展危机吗？在担任中层职位后，我的发展似乎就停止了，离退休还有好多年，该如何保持在组织中的价值呢？

来信分析：必须追求高水平的职场价值

当遇到上升受限，组织人才的新旧更替速度加快的情况时，人就会产生危机感，如果没有掌握持续提升职场价值的方法，就会产生迷茫

○ 英伟达 CEO 黄仁勋寄语：学习编程价值大幅降低。

感，不知道未来该往哪里去。换个角度想一想，如果公司里高层职位一直没有空缺，难道中层的职业生涯发展就要停止吗？当然不是。

很多人都不懂得如何经营自己的职业生涯，更不知道该如何从当下跨越到更好的阶段（状态），缺乏恰当的、持续的自我修炼，因此，"35岁危机"是"价值追求困境"，这不是"黑天鹅"，而是"灰犀牛"[⊖]。

处在这种困境中的职场人，需要自检是否存在以下情况：

- 将个人发展局限在薪酬、职位等目标上，缺乏价值目标的牵引，无法激发持续的内动力；
- 受到惰性思想的影响，总想找捷径和省力的方法，却放弃了真正能支撑高远目标的行为；
- 虽然有着良好的时间管理，却难以保证拥有足够的精力，接到高价值任务也有心无力；
- 缺乏化解工作压力的能力，无法保障良好的工作节奏，只能应付工作而非追求卓越；
- 缺乏系统管理内在动力的方法，不断熵增，进入"无效努力—增长乏力—丧失活力"的螺旋下降通道。

其实，每个人都有着无穷的潜力，但如果总是把发展寄希望于外部机遇，总是期待他人的认可，而忽略了自身价值的提升，就会遇到"瓶

⊖ 古根海姆学者奖获得者米歇尔·渥克撰写的《灰犀牛：如何应对大概率危机》一书让"灰犀牛"为世界所知。"黑天鹅"比喻小概率而影响巨大的事件，"灰犀牛"则比喻大概率且影响巨大的潜在危机。

颈"。看看那些能站上"价值高原"⊖的优秀人士，他们能够在人生中实现大跨步的发展，是因为将力量用到了对自我的要求和提升上，一个人如果有着强大的内在能量，始终保持高水平的职场价值，自然无惧职场危机。

本书的第四篇就是针对第三封来信中的问题提出解决之法。

本章小结

（1）三封来信，代表了三种职场人的典型困境，分别是：自我设限困境、静态人才困境、价值追求困境。人们往往不会只遇到其中一个困境，要克服它们，必须在思维、做法和内在能力等方面实现跨越式提升。

（2）一个人在组织中的不可替代性决定了职场价值的高低，切勿把曾经具备优势的专业技能、经验当作"永恒"的优势，对人才的定义在企业组织中是会动态变化的。

（3）对照别人的成功不一定具备激励性，反而可能起到暗示"自己不可能做到"的负面作用。成功，是找到了自己最好的状态，即合理且满足的状态。当你能自主地去经营自己的职场价值曲线时，就能坦然度过困惑、困难、低谷期，拥有不断成长的职业生涯。

⊖ "价值高原"一词为作者借鉴医学中的"生命高原"一词，医学发现老年人口患病及住院的高发年龄在 60 ～ 79 岁，随着年龄的增加，患病次数及住院次数减少，百岁老人平均两年患病不到一次。专家认为，60 ～ 79 岁可能是一些老年病的高发年龄，但度过了这一时期的老年人，能抵御来自身体以及外界条件变化的挑战，患病的比例迅速降低。

本章练习

练习 1：修正自己对成功的定义

你对成功的定义是什么？请把它写出来，然后思考：这个定义和两年前相比有变化吗？这个定义是属于你自己的吗？（请注意，把自己对成功的定义描写出来，并判断这个定义是否在追求别人眼里的成功，是否在跟别人比较，直到写出自己内心想要的成功为止。）

练习 2：工作方式评估

回想自己平常的工作方式，并对表 1-2 中的三个选项进行评估，如果总分低于 9 分，或存在单个选项低于 3 分的情况，请思考该改进什么。（说明：评分为 1～5 分，1 分表示完全没有，2 分表示很少如此，3 分表示偶尔，4 分表示经常这样，5 分表示习惯如此。）

表 1-2

选项	评分
（1）对待问题时，即使是曾经遇到过的问题，我也总是能进行全新的思考，考虑到各种可能性，再结合实际选择有效的对策	
（2）即使对常规且熟悉的工作，我也会在事前或事后进行创新的思考，即使对固有的工作方法有一点儿改进也会让我感到欣喜	
（3）相对薪酬、职位，我更看重工作带给自己的能力和价值提升，即使暂时无法获得满意的待遇，我也相信自己未来的职场价值	

练习 3：困境思考

本章三封职场来信中的困境，你曾经遇到过吗？当时是怎么解决的？现在又在哪个困境中呢？陷入困境的原因是什么？请带着思考继续阅读本书。

第 2 章

构筑：属于你的职场价值曲线

职场发展大致有两种方式，一种是通过不断"复制过去努力的方式"来累积，只要坚持做下去就可能成功；另一种方式是跨越式发展，在做好现阶段工作的同时，意识到下个阶段面临的挑战并在思维和做法上提前优化，从而积蓄力量去跨越。

多数人希望获得快速发展，却在使用着第一种方式，但实际上，当今的职场发展在快速进化，要在快速变化的时代和激烈竞争的环境中谋求发展，得采取第二种方式。

你真正应该在意的是，自己在职业生涯中会画出一条什么样的价值曲线。

职场价值曲线模型

如果让你画一条线来表示理想的职场价值发展轨迹，相信一定会是向上攀升的线条，但实际上，职场价值曲线的形态是起伏不定的，它的形成是两种力量较量的结果，一个是发展阻力，另一个是发展支撑力，在此消彼长之下构筑出每个人独特的职场价值曲线。

职场价值曲线是个人在职场发展中产生的循环运动轨迹，它从踏入职场开始，就像一个开始运动的点，如果能持续得到大于阻力的支撑力，就会画出一条向上攀升的曲线，最终到达"价值高原"。

本书用曲线来表示职场价值发展，如图 2-1 所示，尽管从科学的角度来看，它缺乏严格的定义，在细节上也不那么精确，但它能帮助我们更好地理解。

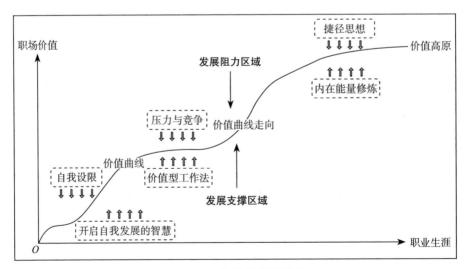

图 2-1 职场价值曲线模型

纵轴代表个人的职场价值，从下至上代表由低向高，横轴代表职业生涯，是一个时间轴，从左至右发展，图右上方是最为理想的状态"价值高原"。价值曲线走向受到阻力和支撑力的影响，曲线上方是发展阻力区域，产生阻力的主要因素包括自我设限、压力与竞争、捷径思想，它们对职场价值的增长施加阻力；曲线下方是发展支撑区域，包括开启自我发展的智慧、价值型工作法、内在能量修炼等产生支撑力量的因素。

1. 自我设限 vs. 开启自我发展的智慧

许多人对自己的职场价值和发展目标缺乏信心，在职业生涯中处于较为压抑的状态，即使有所期待，一开始投入努力后没看到效果也就很快放弃了，这就像稍微挣扎就"躺平"的状态；或者因为觉得竞争太激烈，优秀的人太多，以至于不敢想象自己能有多好，认为即使用尽全力也不可能像别人那样成功，脑海中总有个声音在说"不可能"。他们的价值曲线会始终处在较低的水平。

打破"自我设限"的做法就是开启自我发展的智慧，从"羡慕他人的成功"转向"追求自我价值的提升"，不论起点高低，不在乎一时的公平与否，坚信可以有属于自己的成功，这样才能激发内动力，开启职场良性发展。

2. 压力与竞争 vs. 价值型工作法

即使有着高远的目标和足够的自信，也并不意味着可以拥有一帆风顺的职场发展之路，压力与竞争无处不在，没有一个人能毫无干扰地走向成功。如果没有掌握能凸显价值的工作方法，即使不断提升专业能力、积累经验，也难以得到组织的青睐，如果陷入"努力—不被认可—默认现状—价值降低"的通道，看着别人脱颖而出，而自己的职场价值则一路走低，会是职场人最大的遗憾之一。

要改变这一局面，就得进行思维转换，从"做好本职工作""更专业地工作"转向追求"让工作价值最大化""做对组织有价值的事"，谁能产出更高的价值并将价值凸显出来，谁就能更好地抵御压力和竞争。

同样的工作，是否掌握价值型工作法，结果是截然不同的。

3. 捷径思想 vs. 内在能量修炼

不少前期发展不错的人遇到"35 岁危机"，实则是因为他们缺乏进一步提升的潜力而无法保持在组织中的高价值水平。他们曾经有着强烈的发展愿望，在职业生涯的前期迅速提升，却在职位提升或专业能力成熟后产生了保住成果的思想，惧怕失败、不愿意接受新的挑战，捷径思想占据了头脑（表现为拿来主义、解决问题治标不治本等），长此以往，职场价值逐渐弱化。

如何能持续向上发展，是人们渴望解决的问题，尤其是在这个越来越"卷"的时代里，其他人也通过学习掌握了价值型工作法时，自己怎样才能保持竞争优势呢？我认为最佳的方法就是塑造强大的内在能量体系，它包括精力管理、承压力、自我迭代、拥有个人品牌及发展战略等，这些要素相互作用，不断生成新的内在能量，让人无惧挑战和危机，直至到达"价值高原"的阶段。

重新定义职场跨越

我们需要对"职场跨越"这个耳熟能详的词语进行重新定义，因为多数人听到它时会产生错误的认知：

● 职场跨越就是坐火箭般快速获得提升；

● 职场跨越就是指得到薪酬和职位的大幅提升；

● 职场跨越就是走捷径而无须长期努力。

这些认知会驱使人期待外部机遇，而不去探寻如何发挥自身潜力。"职场跨越"是指能够打破固有思维，改变当前令人不满的状态，不断优化提升以及重塑自我的行为，它的目标是通过推动个人职场价值的不断增长从而获得属于自己的成功。

不具备职场跨越的能力，就会始终停留在某个水平上，即使"熬"得很辛苦，"熬"很久，也没有质的提升，因为不具备达到下一个阶段的力量。正如著名漫画家蔡志忠所讲："人生并不是只要埋头努力就能成功，否则成功的人太多了。人生其实像在爬台阶，每一阶有每一阶的问题，只有解决了一个台阶的问题，才能走上另一个台阶。"如果试图用解决上一个台阶的问题的办法来解决下一个台阶的问题，那就无法实现职场跨越。

通过职场价值曲线模型可以看到，普通职场人要到达"价值高原"阶段，需要完成三个阶段的跨越，如图 2-2 所示，分别是：

● 第Ⅰ阶跨越：开启自我发展的智慧；

- 第Ⅱ阶跨越：凸显不可替代的职场价值；

- 第Ⅲ阶跨越：构建内在能量，走向价值高原。

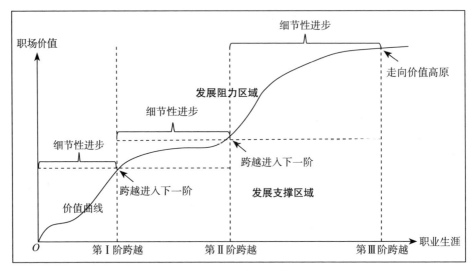

图 2-2 职场跨越的三个阶段

需要说明的是，本书中的"跨越"并非那种突破临界点的"瞬间"的动作，而是在职场价值曲线发展的过程中，积累了足够的能量来逐个应对职业发展中会依次遇到的三阶挑战，也是不断推动职场价值迈向更高层次的做法。当然，这个世界上不乏天才能同时跨越这三个阶段，或者很早就站上了"价值高原"，但对于绝大多数职场人而言，这三个阶段的跨越是无法回避的，需要不断地与自我做对抗，去依次解决的问题。

职场价值曲线是一条模拟曲线，实际上在过程中会有很多的高低起伏，对它的理解需要掌握两个关键点：**细节性进步**和**能力准备的前置**。

细节性进步

许多人渴望得到重大机遇而一飞冲天，他们认为只要有个好的机会，自己不会比其他人差——这其实是一种错觉，当处在职业生涯中某个漫长的管道期或低谷期时，如果过于期盼"运气"，就会令人烦躁不安，急于寻找能一鸣惊人的"灵丹妙药"，而没有耐心去踏实地成长，实际上却失去了真正能让价值曲线扭头向上的机会。

拉姆·查兰在《持续增长》中指出，突破性成功不会每天发生，甚至十年难得一见，而细节性进步才撑起了企业的增长，它可能成为一家企业最伟大的驱动力。[⊖]不仅企业，个人的职场价值管理更是如此，经历长期细节性进步的累积，才会有机会跨越。

一位渴望成功的销售人员，每年都会认真地定下新目标，但又总是无法实现，他将此归结于时运不济。他只盯着大客户，不重视核心能力的提升，认为总有一天会天降大单，最终却因业绩垫底而被末位淘汰。临走前，一位老销售对他好言相告："好的客户一直在那里，但要想想凭什么获得大订单。销售工作不是靠运气，而是通过无数细节工作的积累，通过无数次客户对你的小肯定，最终积累成大大的认同，你才有可能抓住机会。"

只有重视细节性进步，才能避免沉醉在成功的幻想中而拿不出有效行动，职场跨越并非一蹴而就。

⊖　查兰.持续增长：企业持续盈利的 10 大法宝 [M].邹怡，邢沛林，译.北京：机械工业出版社，2016：23.

能力准备的前置

"跨越"给人的感觉是一个明确的动作，实际上职场跨越并非如此，它是如"随风潜入夜，润物细无声"般实现的，本书在职场价值曲线模型中设定"跨越临界点"，是为了让读者能更清晰地区别不同的阶段。

想要尽快实现更高的职场价值，就需要能力准备的前置，识别并具备下个阶段所需的思维和能力。每一个跨越临界点实际上就是前后两个阶段价值曲线的交叉点，如图 2-3

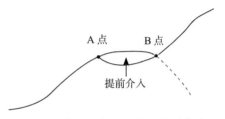

图 2-3 前置准备下一阶段所需能力

所示，把现阶段的价值曲线当作第一曲线，把下一阶段的价值曲线当作第二曲线，这与《第二曲线》有着异曲同工之妙：

如果第一曲线到达巅峰并已经掉头向下后才开始第二曲线，那无论是在纸上还是在现实中就都行不通了。按常理来说，当其他条件都不变时，如果一切运转正常，人们很自然地希望第一曲线将继续发展下去，有什么理由不把它现在的成功作为对未来的预期呢？然而，成功往往会蒙蔽人们的双眼，打消人们的疑虑，使人们不断巩固原有的成功模式。[○]

如果没有在 A 点开始提前准备下一阶段所需能力，而是在 B 点才意识到需要新能力、新思维才能支撑继续向上发展，可能就会因为来不及而被下降趋势带走，如图 2-3 中的虚线部分所示。

○ 汉迪. 第二曲线：跨越"S 型曲线"的二次增长 [M]. 苗青，译. 北京：机械工业出版社，2017：5-6.

务必要提前为下个阶段的价值提升做好准备，不要等到危机出现，进入下滑通道后才开始寻找解救之法，任何一个经历过职场危机的人都知道，要重拾自信、振作精神是多么艰难。

职场跨越之旅

史蒂芬·柯维认为，个人领域的成功核心在于四个要素——智慧、力量、人生方向和安全感，它们相辅相成，若四者十分健全且均衡发展，便能产生高尚的人格、平和的个性与完美正直的个体。[⊖]

职场跨越三个阶段所需要的思维和做法，正是将柯维提出的这四个要素连接起来发挥系统作用。本书分为三篇来介绍如何应对各种发展阻力。

开启你的职场价值曲线发展之旅，学习并实践第二篇到第四篇的内容（分别介绍第Ⅰ阶跨越、第Ⅱ阶跨越、第Ⅲ阶跨越），为价值曲线的抬升持续注入新的支撑力量，过程中也许会有起伏，但不必惊慌，只要你按照书中的方法去实践，就一定能塑造出令人惊喜的职场价值。

你可以依次学习这些篇，也可以根据自己所处的阶段来选择阅读某一篇，之后再对全部内容进行系统化的阅读，相信会对未来的职场发展产生显著的改善作用。

⊖ 柯维. 高效能人士的七个习惯 [M]. 高新勇，王亦兵，葛雪蕾，译. 北京：中国青年出版社，2008：98.

本章小结

（1）长期主义者能够有意识地去规划和管理自己的职场价值曲线，虽然过程曲折，但能通过不断跨越而向上发展。

（2）本书中的"跨越"并非一个瞬间的动作，而是在一个阶段内积累从而拥有了迈向更高职场价值水平的能量。

（3）职场跨越是指持续去破除固有思维限制，改变当前令人不满的状态，不断优化和提升自我、重塑自我的行为，是不断推动职场价值迈向更高层次的做法。

本章练习

练习1：模拟价值曲线

请参照图2-1的职场价值曲线模型，模拟画出自己踏入职场以来的价值曲线。你认为自己的价值曲线会是何种走势？再画出自己期待的价值曲线，将两条曲线对比并思考：曲线过去的走势是什么造成的？阻力和支撑力分别是什么？期待的曲线如何实现？

练习2：阶段判断

你目前处在三个跨越阶段的哪个阶段？你的价值曲线向上发展遇到的阻力和支撑力分别是什么？

第二篇

第 I 阶跨越：开启自我发展的智慧

　　从本篇开始，你将开启职场价值曲线发展之旅的第 I 阶跨越：开启自我发展的智慧。你将学会做自己命运的掌舵者，正如艾瑞卡·琼所说："双手握紧自己的人生，你就会发现所有的事情都是自己造成的，你不再需要埋怨别人。"

　　人们都向往有朝一日获得好的发展，但又容易陷入对于目标"想要而又不能得"的困扰中，产生烦恼、抱怨、愤愤不平，甚至自我否定，这都是因为原有的心智模式无法支撑未来要面临的挑战。心智模式是根深蒂固于心中，影响着人们了解这个世界，以及如何采取行动的许多假设、成见。人们通常不易察觉自己的心智模式，以及它对自己行为的影响。⊖

　　《了凡四训》一书中指出，有两个习惯导致人们关闭自我发展的大门：一是习惯于"命中注定""听天由命"；二是当对命运有所不满的时候，习惯于向外求，向命理求，向风水求。⊜这两个习惯已经束缚了人们千百年，如果你想要获得跨越式的

⊖　圣吉. 第五项修炼：学习型组织的艺术与实务 [M]. 郭进隆，译. 上海：上海三联书店，1998：9.

⊜　袁了凡. 了凡四训 [M]. 费勇，译. 西安：三秦出版社，2017：4.

发展，那就必须要改变它们。

进行自我觉察，发现自我设限的存在以及它是如何影响你的行为的，就会推动你走上自我发展的"智慧之桥"，越过固有心智模式的壁垒，接受新做法，形成新思维，就不会因为当前的情况（例如对薪酬或职位不满意）而感到焦虑，从而推动职场价值增长的良性循环。

在担任一家公司的管理顾问时，我发现老板风格很强势，经常暴躁地批评员工，导致公司氛围很压抑。久而久之，员工做事谨小慎微，上级说做什么就做什么，没有人主动改进和创新。

后来，公司举办后备干部训练营，希望能培养出有开拓精神的好苗子。可当我第一次见到这些"好苗子"的时候，他们眼神里的麻木、话语中的不自信，让我感到震惊，不过也激发了我要帮助他们改变的决心。当着老板的面，我对他们说："也许你们这一辈子都不可能像老板那么有钱，也难以达到他的职位，但请你们不要看轻自己，每个人的内心深处都要有一个地方是能让自己为之骄傲的，它足以让你们有勇气面对任何人，接下来我希望和你们一起找到它。"

这一年的训练营里，他们发生了巨大的转变，发现并完成多个改善项目，涌现出不少的创新方法，给公司带来了上亿产值的增长，老板也意识到了管理风格的问题。

学员们纷纷来感谢我，其实我应该感谢他们，因为是他们的改变让我的工作富有价值，更让我坚信，我可以帮助更多的职场人开启自我发展的意识并获得职场价值的不断提升。

本篇包括两章内容，第 3 章"避免自我设限"想告诉每一位职场人：无论起点高低，你都可以有自己的舞台。与固有思维进行对抗，逼迫自己成长才会摆脱危机，真正限制你的只有你自己。第 4 章"用心经营你的职场价值"会颠覆你的固有认知：一个人要终身致力于职场价值的持续提升，将注意力从对短期利益的追求转移到职场价值管理上来，才能实现自主发展。

避免自我设限

在设定目标这件事上，人们似乎"天赋异禀"，能很轻易地设定出令人热血沸腾的目标，然而在行动过程中却常常稍微努力一下就放弃，就像不得已的"挣扎"一样，如图 3-1 所示。这一般有两方面原因：一是没有危机感，虽然想向上发展，但保持现状也并非不可接受；二是不敢挑战自我，不能对抗固有的习惯和行为，顺应惰性。

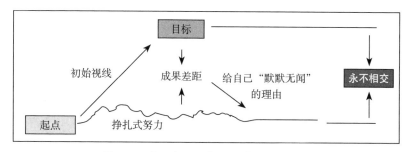

图 3-1　难以实现目标的"挣扎式努力"

　　经常陷入"挣扎式努力"的人，总是认为自己已经尽了力，认为无法实现目标一定是因为不可控的外部因素，然后告诉自己只能认命，长此以往，很轻易就会对自己说："我不行，我做不到。"

　　亨利·福特说："如果我们认为自己不行，如果我们认为某事不可能成功，那不管我们怎么努力，我们也不可能成功。"正确的做法是，相信自己"现在也许不行，但只要努力一定能行"，避免自我设限，然后对"解决问题的能力怎样才能提高"进行具体、深入的思考，只有这样，通向光明未来的大门才会打开。⊖

　　那些在职场发展中能不断跨越并最终实现目标的人，并非一蹴而就的，他们同样会遇到逆境和低谷期，但总体趋势始终长期向上，如图 3-2 所示。

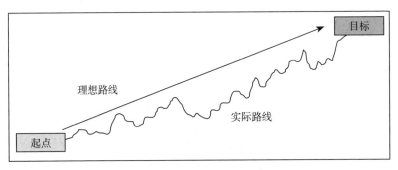

图 3-2　理想路线与实际路线

　　"理想路线"指实现目标的理想化的直线路径，但实际上，实现目标的路线往往是曲折的，过程中不断出现的低点容易让人陷入低迷。具

备"自我发展的智慧"的人明白，解决问题的关键是从自身出发，他们总能从现状中发现改变的良机，对于将来，他们总能坚决地设定目标并一直前进，因此他们总能历经低点却让曲线始终保持总体趋势向上。

如何才能开启自我发展的智慧呢？首先，要自我觉察，知道自己面临的现实限制，发现可以提升之处，我称之为"要认命也要不认命"。其次，要认识到职场发展是逆水行舟，没有可以停下来的"稳定"，要具备从危机中获取动力的能力，才能迎接契机来临。

自我觉察：要认命也要不认命

人要认命，也要不认命，这是发展道路上重要的自我觉察。

认命，是要看到自己的所能和所不能，避免好高骛远。谁都想做一番大事业，笔者也曾梦想创业，创办伟大的企业，虽然一直很努力（或者说真的竭尽全力），但在年龄、能力、资源的制约下，现在不得不认命，很清楚地知道自己不可能达到这个目标，就开始思考要做到什么样才是自己内心认可和满足的，不再在不可能的方向上耗费精力。

不认命，这是对自己生命的探索精神，把注意力投入到能产生价值的方向上。比如我创办不了伟大的企业，但可以选择在知识赋能领域去帮助更多的人，这是我有能力做好且可以永无止境地提升的道路。作为人，就应有精神之火，它是否被点燃，取决于你如何选择。

◯ 列克劳.出众，从改变习惯开始 [M].陈玉嫦，译.北京：北京联合出版公司，2019：11.

要把握好"认命而又不认命"，我认为需要做到三个方面，包括：**避免自我设限、找到"不认命"的方向、竭尽全力**。

避免自我设限

我在对职场人的调研中发现，不少职场人并不清楚该如何达到让自己满意的职场状态；大多数职场人对现状表示"勉强接受""尚可"和"不满意"。其实他们并非缺乏长远目标，而是内心缺乏"赢"的信念。虽然每天都在忙碌工作，甚至疲于奔命，却把对自己的期待深深藏起来，最终自我设限。

"完成工作"和"赢"是截然不同的，"赢"会让你有"两眼放光"的感觉。说到这里，你可能会突然意识到自己没能成为工作和生活的主导，而是被人际关系、制度和流程、社会角色、经济压力等因素控制着，被它们反客为主，不过一切还来得及，你需要重塑"赢"的思维。

自我设限是指在一定的经历之后形成的大脑中对自己、他人及这个世界的评价，甚至是信念，人们会按它的引导来行事，即使它的存在对发展造成阻碍。正如马克·列克劳在《出众，从改变习惯开始》一书中所写："我们必须意识到，生活不是外界强加给我们的，生活是信念、思想和期望的结果。要想改变生活，我们首先必须改变信念和思维模式。"⊖

⊖ 列克劳 . 出众，从改变习惯开始 [M]. 陈玉嫦，译 . 北京：北京联合出版公司，2019：20.

《当幸福来敲门》这部电影呈现的就是避免自我设限从而获得成功的典型案例，男主角克里斯·加德纳是一名医疗器械推销员，每天奔波于各家医院，但医生们对他的产品根本不感兴趣。妻子撇下他和5岁的儿子出走，父子二人因为付不起房租而被房东扫地出门，有时甚至要在地铁的卫生间里过夜。

克里斯决心转行成为有机会获得高收入的证券经纪人，但他得向证券公司经理争取面试机会。他厚着脸皮跟着经理上了出租车，看到对方一直在玩魔方却不得其法。克里斯想起儿子在家里玩魔方的场景，就跟经理说自己想试试，实际上他从来没玩过。经理觉得克里斯不可能玩好魔方，表示如果在自己下车前能拼好就给他面试机会，克里斯竭尽全力进行多次尝试都不成功，但在经理等得不耐烦要下车的那一刻，他拼好了魔方！

人生已经到了最低谷，还有什么是不可以挑战的呢？这并非虚构，而是以黑人投资家克里斯·加德纳为原型。如果他当时想："受过高等教育的证券公司经理都不能拼好魔方，我怎么可能，"那他就不可能成为20名实习生之一，更不可能后来成为投资家。

避免自我设限的关键在于两方面：**增加信念强度**与**打破专业局限**。

首先，你真的坚信自己可以做到吗？答案往往是模糊的，"希望"和"坚信"是截然不同的状态，只有具备高强度的信念，达到"无论如何非这样不可"的状态，才会产生有效的行为。

尤其在受到他人的影响和干涉时，就更需要信念，毕竟你的目标不一定会得到他人的认同和支持。在《月亮和六便士》里，思特里克兰德一心沉浸在画画这件事上，狠心抛弃其他所有对他来说是"累赘"的身外之物。身边的人都认为他不可理喻，甚至冷嘲热讽，他却从来感觉不到任何恶意，因为他的心里只有画画这件事，别的因素无法左右他对于目标的坚持。

并不是对什么目标都能产生高强度的信念，一个在事业上很成功、言出必行的人也可能在戒烟或锻炼身体这种事情上失败。美国疾病控制与预防中心追踪的吸烟者的数据显示，每10位吸烟者中，有7位表达过彻底戒烟的愿望，而且一半的人在过去一年里曾尝试至少戒烟一天，但最后在想戒烟的1900万人中只有300万人坚持了下来，也就是说，在想要戒烟并真正制定过戒烟目标的人之中，大约85%的人最后失败了。[⊖]

具有高水平的信念强度，用稻盛和夫的话来讲，就是"怀有渗透到潜意识的强烈而持久的愿望，以此来实现自己定下的目标"。愿望如果强烈，就会深深渗入潜意识中，这种潜意识中的愿望，不管是在睡觉时，还是似乎什么都不考虑时，都一直在活动，促使人们采取行动，直到愿望实现。[⊜]

其次，对专业局限的突破。现今职场对人的要求越发多元化了：研发需要懂市场需求分析，人力要对市场经营和产品有所了解，销售还得懂点儿财务知识……只要你想赢，就不能局限在自己的专业领域，融入更多的元素才会在组织中更具价值。要打破专业的局限，需要强大的学

⊖ 霍尔沃森. 如何达成目标 [M]. 王正林，译. 北京：机械工业出版社，2019：3.

⊜ 稻盛和夫. 敬天爱人：从零开始的挑战 [M]. 曹岫云，译. 北京：机械工业出版社，2016：56.

习能力，根据环境的不同、所遇问题的不同、事物发展阶段的不同而学习不同的内容，绝不能仅用固有的能力来面对未来。

《打胜仗》这本书提到了蒙古帝国的诞生和强大的学习能力分不开，这是打破专业局限的好例子。从专业上来讲，蒙古军队以骑兵为主，擅长野战，不擅长攻城。后来在对中原用兵的过程中，蒙古军队的最大收获是学到了中原地区的攻城技术。蒙古军队为了弥补自身攻城能力的不足，凡攻占一地，对于被俘虏的工匠都给予特殊的优待，将他们集中起来专门制造兵器战具。金哀宗曾经说："蒙古所以常胜者，恃北方之兵马力，资中原之技巧耳。"⊖

找到"不认命"的方向

一个人不管到了什么时候，都不要丧失对自己的认可，"天生我材必有用"，上天给每个人都有能表现卓越的方面，只是你没有找到它而已。

请不要用当下遇到的困境否定自己的人生，要找到让自己不认命的方向，它是你内心深以为然，真正认为有价值的事情。对下面三个问题的回答可以判断你是否找到了"不认命"的方向。

问题 1：对选择的方向是否达到热爱的程度

那些能不断突破、走向成功的人，必然是在心里热爱所选择的方

⊖ 田涛，宫玉振，吴春波，等. 打胜仗：常胜团队的成功密码 [M]. 北京：机械工业出版社，2021：249.

向，所以才有持久的动力去坚持。热爱是深刻在心里的，让人每时每刻都想去实现。

一定要问清楚自己到底想要实现什么，往往你嘴里说想要的，或者所从事的，不一定是自己热爱和激发自己去全力以赴的。有很多这样的情况：程序员并不热爱编程开发，销售人员并不热爱与客户沟通，财务人员并不热爱资金规划，管理人员并不热爱团队……当一个人把工作仅仅当作一个谋生手段时，就不会有发展之心。

也有人说：真的想不到自己热爱什么，该怎么办？对此的建议就是调整心态，你要选择是应付工作还是创造价值。心态不同则结果截然不同。很少有人一开始就热爱自己的工作，连稻盛和夫也是如此，但他在调整心态后开启了成功之路，用他的话来说："即使做不到很快就热爱工作，但至少厌恶工作这种负面情绪必须从心中排除。我决定倾注全力先把眼前的工作做好再说。"[⊖]

问题 2：是否具备相应能力

我认识一位年轻人，他认为自己这么年轻，有着无限可能，一个亿的小目标不够，这辈子得挣三个亿。他很认真地写下来贴在办公桌上，天天提醒这是自己的目标。

可是，这个看起来极具吸引力的目标并没有给他带来动力，更没有让他采取有效的行动，反而让他对当下的工作和收入产生不满，每天都

⊖ 稻盛和夫. 干法 [M]. 曹岫云，译. 北京：机械工业出版社，2015：36.

处在现实和理想的巨大差距之中，变得眼高手低且充满抱怨，最后因为绩效不佳被公司淘汰。

这并非说普通人就不能有远大的目标，无论三个亿还是五个亿，并非不可能，但要让定下的目标不成为笑话，关键在于确定"不认命"的目标之后，不能站在原地空想，必须认知到现状与目标之间的差距，并着手准备弥补差距所需要的能力，实现高远目标的过程也是能力不断升级的过程。

问题3：所选方向是否具备高价值

具备高价值的方向会让人产生持续的内动力，使人在面对困难的时候不会摇摆不定和退缩。什么是具备高价值的方向呢？从个体范畴来看：你会因为什么样的自己而自豪？个体的高价值方向往往是远远高于自我利益的利他价值，想明白这一点，就会找到源源不断的内动力，确定方向的准确性。

- 销售人员因为售出的产品能帮助客户赢得市场而自豪；
- 招聘人员因为引进的人才给公司创造价值而自豪；
- 基层管理者因为团队的成长而自豪；
············

现在，你已经成功开启自我发展的智慧，应该能意识到，能让自己"不认命"的方向，并非人们通常在意的职位、薪酬、奖励机会等，这些的确有刺激作用，但实际上是目标实现后的附属成果，一味追求它们会伤害内在动机。正如《内在动机》一书中所写："会让一项本身令人愉悦的活动转变为一项有助于奖赏的活动。一旦人们开始获得奖赏，就会对这项活动失去兴趣，然后，当没有奖励时，他们的表现就大不如从前。"⊖

只有聚焦价值，你才会有持续的力量，心理学家理查德·德查姆斯指出，人们希望成为自己行为的"本源"，而不是被外部力量操纵的"棋子"。

竭尽全力，撑大你的能力阈值

"竭尽全力"难道还需要训练吗？每天工作筋疲力尽不就是竭尽全力吗？当然不是，你应该想想自己有多久没有在一件事情上尽全力了。这是指你为了把事情做好而触碰到能力的极限，而不是疲惫的意思。

在对职场人士的调研中，我发现影响许多人发展的不是没能力，也不是没机会，而是没有真正地尽过全力。

其实如果不逼自己一次，都不知道自己的潜力有多大。为了避免把"竭尽全力"误解为人们口头常说的"尽力"，可以从《干法》的这段话中获得理解："问题是真的已经'尽人事'，已经竭尽全力了吗？你自己身体里的力量真的已经用尽了吗？你真的已经将自己的魂魄注入产品中，并且坚持不懈地付出了不亚于任何人的努力吗？所谓'不亚于任何人的努力'，不是说'到这种程度就可以了'，而是没有终点、永无止境的努力。"⊖

⊖ 德西，弗拉斯特. 内在动机：自主掌控人生的力量 [M]. 北京：机械工业出版社，2020：26.
⊖ 稻盛和夫. 干法 [M]. 曹岫云，译. 北京：机械工业出版社，2015：70-72.

有一次出差，我一大早驱车两个小时赶往客户公司，会议从上午九点持续到了下午三点，当我正与客户高层讨论的时候，旁边发出"嘭"的一声，吓了我们一跳，原来是助理困得睡着了，头垂下来撞到了桌子。

助理很自责地说今天六点半出门，实在太困了，客户很宽容，我也没有责怪他，可是他并不知道我在前一晚工作到两点多，而且当天是我开车，一路他都在闭目养神。

问题出在哪里呢？助理不是不敬业，也不是没有工作激情，关键是他没有过这样强度的工作经历，承受不住，但这对我来说却不算什么，因为我在职业生涯中比这辛苦数倍的经历太多了，承受压力的阈值比他高。

可以通过回答以下问题来检查自己的工作投入状态：

- 这项工作，我是想差不多就可以，还是想做到最好？
- 为什么知道工作还有可优化之处，却觉得"这样做就可以了"？
- 我的能力达到极限了吗？制约它们提升的因素是什么？
- 这项工作对我有什么挑战？我对挑战的理解是收获还是痛苦？

每个人的能力是有阈值的，当尽全力去做好一件事时，就会触碰到自己的能力边界。如果你有 10 分力气，但每次都只用 7 分、8 分，甚至更少，久而久之，不论事情多么重要，都不懂得如何去全力以赴，因为每次"差不多可以"的习惯将人拖在了低水平上。那些能迅速成长的人则受益于竭尽全力，即使是习以为常的工作，也会不断琢磨如何能做得更好，他们总是通过挑战极致来不断撑大能力阈值，从而产生让职场价值曲线不断攀升的支撑力量。

无路可退：利用危机意识激发动力

《爱丽丝梦游仙境》里红桃皇后说："你只有努力奔跑，才能一直留在原地。"职场发展不进则退，适当的危机意识会推动人前进。但不是每个人都能意识到危机的存在，压力和危机经常被混淆，压力会促使人们提升现有工作模式里的强度，例如加班、增加工作量等，试问，那些被"35岁危机"击倒的人哪个不是经常在加班，哪个不是把绩效考核当作头等大事呢？他们的问题恰恰在于有压力却没有改变的动力，而真正的危机意识会刺激人们思维和行为的转变。

正如《左传·襄公十一年》中所云："居安思危，思则有备，有备无患。"危机意识是对可能到来的危机进行主动性的自我调整的意识。虽然会出现避无可避的"黑天鹅"事件，但危机意识让人以"时刻准备着"的姿态来面对，这样就会在面对挑战时淡定且游刃有余。

"35岁危机"到底是什么

源自互联网行业的"35岁危机"这一概念可谓人人皆知，但危机绝对不是因为达到某个年龄而产生的！如果把危机都归罪于年龄增长这种无法抵抗的因素，就会使得人们忽略内在的提升，找不到真正应对危机的办法。

企业团队建设的目标从来都不是保留所有人员，而是留下那些能持续为企业贡献更多价值的人才。

要扭转危机，首先需要有两方面的认识。

第一，职场是现实的

帕蒂·麦考德在《奈飞文化手册》中指出："公司是一个团队，而不是一个家庭。企业领导者也需要持续不断地搜寻人才，对团队进行重新配置。招入谁和解聘谁的决定必须完全建立在团队绩效的基础上，目的是确保公司成功。如果对员工进行培训并培养他们担任新的角色是最好的选择，我们会完全支持，也会帮助管理者让员工学习这些技能。但我们也希望管理者仔细考虑，最佳选择是否也包括招入新的拥有理想技能的高绩效者，即便这意味着现有的团队成员不得不从公司离开。"⊖

首先，没有永远稳定的岗位。商业企业的核心目标就是盈利，它需要岗位能力的不断升级换代，而不是为了让员工稳定。

其次，组织永远在思考谁会更合适。即使你现在是最合适某岗位的人，但这绝非永恒不变的，你真正需要做的，是不断增强自己在这个组织中的不可替代性，增加组织的替换成本。

最后，还需要明白，经验不是完美保障。经验也需要升级，否则面临新情况时就会失效，进而可能被代替（例如组织引进智能系统或者培训新人）。意识到没有"躺平"的可能，才会让你致力于提升，而不是在熟悉的环境里享受暂时的稳定。

第二，可替代性强弱，决定了是否会遇到危机

将经验丰富的"老人"替换为新人，必然会增加培养成本和犯错成

⊖ 麦考德.奈飞文化手册[M].范珂，译.杭州：浙江教育出版社，2018：87.

本，但如果组织认为这些成本可以接受，并且远低于现在付给"老人"的成本，就会倾向于使用新人。

新人虽然在能力和经验上有劣势，但优势也一目了然：

- 薪酬相对低，需较长的时间才会增长到老员工的现有水平；
- 对获取工作任务及挑战性机会的欲望更强；
- 执行力更强，更能听从上级的指示；
- 可塑性强，更有发展潜力，对工作开展更具有创新性；
  …………

这些优势是否成为老员工被淘汰的理由呢？当然不是，老员工如果能始终保持学习和成长、能力始终领先于组织的需求、自我迭代速度（意识、知识、技能等）超过组织的发展速度，那在组织里一定是不可替代的！其实企业从来就不是因为员工"老"而淘汰，淘汰的是做不到以上几点的人。

许多人没有觉察到，自己长期在做低价值甚至无价值的工作，例如，对于每年都要做的项目，虽然做了新的工作计划，实际上执行中却是按部就班，没有根据新的情况来调整和创新！职场危机就在这样的情况中悄悄酝酿，只要选择专业基础合格的新人，经过一定时间的岗位培养，就可以准备替代"老人"了。

因此，要提醒的是：当你觉得一项工作变得熟练和得心应手时，就是该小心的时候了！

职场中从来没有绝对的稳定

很多人在潜意识里认为，只要自己完成每天的工作并且不出错，就会稳定下去，但实际上，职场中从来都没有绝对的稳定。

一位重点学校毕业的大学生，进入了稳定且待遇优厚的单位，可是半年不到，就对"稳定"的工作丧失兴趣，他的思维开始变得机械，不会思考"为什么"，不会想"还能怎么样更好"，反正工作很稳定，不需要担心什么。几年后，这个原本风华正茂的年轻人开始进入发展停滞的状态，"35 岁危机"正在前方迎接他。

人在稳定舒适的环境里待久了，结果就是在稳定中"死"去。追求所谓的稳定，不仅会让人失去发展动力，更要命的是会让思维变得固化。研究大脑神经网络的科学家们发现，人在 18 岁的时候，就达到了心智的顶峰，这个时候的神经连接所带来的语言能力和形成概念的能力，足够大多数人顺利度过余生，已经形成了自己的心智模式和习惯、情感模式以及应对各种人和事物的方案。因此不少人在处理问题时，总是习惯用过去的思维模式，这其实是根植在脑海深处的惰性，只是在复制过去而已。

壳牌公司前 CEO 菲尔・卡罗尔说过这样一句至理之言："世界是混乱的，如果我们想继续停留在企业阶梯的顶端，就必须投身于混乱之中，并学会在混乱中工作。"这里的混乱，是指迅猛的变革趋势和随之产生的不确定性。VUCA 时代，市场环境、职场环境都不再清晰可控，更难以预测，这意味着我们无法靠过去的成绩、经验、思维方式等来安然度过一生，更无法靠这些赢得未来的发展。如果没有危机意识，不去重构认知，我们就难以适应快速变化的环境，会在"稳定"中被淘汰。

至少在一个方面达到优秀水平

发展停滞的人往往存在两个关键问题：一是缺乏突出的优势，各项工作都还做得不错，但没有特别突出的地方而不被重视；二是对优秀的定义过于狭窄，自认为优秀的观点束缚了自己。优秀是比较出来的，一旦扩大范围来比较，例如从公司扩大到行业，也许"优秀"仅仅是正常水平。

一次沟通时，下属跟我说："经历了这两年的项目锻炼，明显感觉到自己提升了很多，甚至是蜕变。"我希望他能更好地发展，告诉他："你感受到了成长和蜕变，这很好，但不等于达到了优秀水平。这只是在跟过去的你对比，如果跟更优秀的同龄人和行业里的人比，就会看到差距。你要在哪个方面达到足够优秀的水平？这是下一步的重要功课。"

虽然进步要被认可，但要崭露头角这还远远不够，优秀的人一直在努力，如果稍微放松，差距会被不断拉大。

对于普通职场人来说，"至少在一个方面达到优秀水平"的目标具有重要意义，不要一开始就追求全方面的优秀，这会造成精力涣散而无处着力。各方面都仅仅合格是没法赢得组织的青睐的，务必追求至少在一个方面达到优秀的水平，这会支撑你的竞争力和不可替代性，并且让你产生信心。

建议用可视化的方法来督促自己去实现"至少在一个方面达到优秀水平"，如图 3-3 所示，可以明确看到自己的状况。

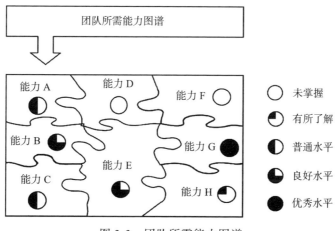

图 3-3　团队所需能力图谱

把你所在团队需要的核心能力列入图中，然后客观判断自己对这些能力的掌握程度，从"未掌握"到"优秀水平"。当你看到自己没有一项"优秀水平"的能力，以及应该掌握的能力却"未掌握"时，这份图谱就是对你的职场危机提醒。拥有多项"良好水平"的能力，也不如拥有一项"优秀水平"的能力那样容易得到组织的重视。

即使你已经"至少在一个方面达到优秀水平"，本书仍然要提醒的是，要警惕能力的变迁。随着企业的发展，现在达到优秀水平的能力以后也许就成了必备能力甚至不再重要。另外，只在单一能力上具备优势也有副作用，会让人过于重视它而无法看到更多的可能。要长期维持高水平的职场价值，最好能在未来建立两到三个方面的优势。

本章小结

（1）不要给自己设限，无论起点高低、资源多寡，你都可以有自己的舞台。对抗固有思维，逼迫自己成长才会摆脱危机，限制你的只有自己。

（2）要具备"认命而又不认命"的自我发展智慧，一方面是基于现实能力来设定目标，避免好高骛远；另一方面则要找到自己能做好的方向去竭尽全力，最终获得价值提升。

（3）不是每个人都能成为明星人物，但不能给自己找停步不前的理由，即使永远在基层岗位上工作，永远都拿不到令人羡慕的高收入，你也依然要找到自己的价值点，在内心深处要有一个地方是令自己骄傲的。

（4）职场跨越的第一阶是内心认知的跨越，避免自我设限尤为重要。

第 4 章

用心经营你的职场价值

我特别推荐用正确的投资思维来看待职场价值。例如投资股票，那些听到利好消息就冲动地购买股票的人，大概率会失败，即使暂时获利，最终"靠运气赚的钱最后还是会输在运气上"，只有富有内在价值且持续增长的企业才能让投资者获利。这个道理同样可以放到个人身上，只有拥有更高职场价值的人才会在激烈的竞争中赢得发展。

职场充满复杂性，如果只要努力就能成功，岂不是成功的人满大街都是？现实中可能会有一些例外，例如没能力的人却因为投机获得了晋升机会。对于正在阅读本书的你而言，要意识到那并不是自己应该选择的道路，因为你不具备那些"投机"的条件，更不愿违背价值观去做一些钻营取巧的事，不需要羡慕别人的"投机"或抱怨自己命运不佳，而应该深刻地意识到，真正应该追求和竭尽全力去为之付出的，是你的职场价值, 只有它的提升会带给你机会。

价值和价格并不等同, 薪酬水平只是个人价值的部分体现, 它不一定能准确无误, 就像资产估值一样, 会存在主观因素的影响, 可能被高估, 也有可能被低估。"估值"的波动往往会影响人们对自己的判断, 如果一个人的实际价值并没有达到他所得薪酬应有的水平, 这就是高估, 但他并不会意识到自己被高估了。而当一个人的价值被低估时, 他又容易陷入低谷, 认为自己怀才不遇或丧失自信。你必须客观地判断自己的职场价值, 它是动态波动的, 最终是向上发展还是向下发展, 取决于你自己。

每个人都希望自己的价值获得高估, 但关键在于你的价值能否匹配甚至超越企业的发展所需。对于组织来讲, 对人员的价值评估重点考虑两个方面: 一是当下的价值水平——你能做什么, 对组织的重要性如何; 二是发展潜力——你是否还有提升空间。因为当下优秀的能力, 即使是不可替代的能力, 也不代表在未来仍然具有高价值。

赢得欣赏的价值

什么样的人更能得到欣赏呢? 由于组织文化的差异以及上级的特点迥异, 这并没有统一的答案, 但我在进行优秀职场人的特点研究时还是找到了一些共通之处, 发现掌握这三种做法的人更容易赢得组织的欣赏。

把自己当作最后的把关者

你是否经历过这样的情况，距离重要会议召开不到一个小时了，上级突然改变想法，让你改方案，该怎么办呢？多数人来不及充分理解就立刻行动，选择花 10 分钟仓促地按要求改一些内容，再用 30 分钟美化PPT，结果却往往不令人满意，甚至上级忽略了你应急的付出，还责怪你做得不好。

委屈之余要切记，展现出来的东西只有你自己能把握，要把自己当作最后的把关者，千万不能交出让人感觉是"半成品"的成果！

人们容易记住工作交付要求的最后期限，却没有尽力去做到最好，"我已经在要求的时间内交给上级了，还有什么问题等他指出来再说"，在这种思维的指导下，上级成了最后的把关者，每次都能找出一些问题，欣赏又从何而来？

把自己当作最后的把关者，而不是赶快应付完成，尽力去思考"如何呈现方案改动的价值""还有什么创新的方法""还能怎么节约成本"……让交出的成果达到自己当下能做到的最高水平，是赢得欣赏的做法。

清晰描绘最终成果

接受任务时，大概知道"要做的事"，但还不能清晰地描述出所承担任务的最终成果和价值，就仓促行动或惯性行动，是降低职场价值的方式。清楚地知道自己想要什么，才会做得更好、更快、更有斗志，并且，同样的项目会因为不同的最终成果定义而有着天壤之别。

一位市场管理者在刚接手全国范围的客户培训项目时，没有马上拟定执行计划，而是用了两天时间了解情况并提交了"项目成果定义"，他认为过去的客户培训是"一厢情愿"且形式化的，虽然客户碍于情面来参与，但实际效果很不好。

他认为必须重新定义项目成果：

第一，长期成果，让客户培训成为维系客户关系的重要手段，不再一味宣传产品而是致力于帮助客户提升绩效，例如教给客户设备使用常见问题的处理技巧，这才能赢得客户的信任和依赖。

第二，年度成果，列出量化目标，例如：①通过客户培训推动核心业务增长（核心业务增长量＝客户数量×培训后意向率×销售转化率）；②通过邀请潜在客户参加培训获得技术交流机会，评估标准为：至少 90% 的参训客户愿意进行后续技术交流。

当上级看到这样的成果定义时，很明显能感到他对工作的主动负责和深度思考，这些甚至超越了上级的期望，这样的人怎能不被欣赏。

优秀的人才总能具备极大的激情去想象其负责项目的最终成果，如果还不够清晰，那就要把它当作项目最重要的问题去尽早识别出来。

毫无保留地分享知识和经验

能够毫无保留地分享知识和经验的人非常值得欣赏，他们在分享自己来之不易的经验时，也开启了主动学习与思考，他们坚信自己还能不断成长，分享得越多，就越能触发去学习和挑战的激情，这是一个良性循环。

我听说过一则有趣的销售故事，它揭示了这样的道理：愿意分享的人，总是有着良好的职业心态，更能获得持续的进步。

在一家销售防爆膜的公司里，有位员工在入职第一年业绩就遥遥领先，一开始大家认为他是运气好，但第二年他的业绩依然位居榜首，总经理认为他一定有绝招，单独找他谈话，希望他能把经验分享给团队。

这位员工没有提任何条件，大方地分享："我没什么特别的方法，每次拜访客户时会带几块玻璃，当着客户的面贴上膜。"总经理刚想说别人也这样，他继续说："不过，我还带了个锤子，敲给客户看防爆膜有多安全。"总经理称赞不已，这个小小的举动却是最直接的客户体验啊！

这个经验推广后，公司整体业绩果然得到了大幅提升，可是这位员工的业绩仍然遥遥领先，总经理很好奇他是怎么做到的，于是又找他谈话，不过在谈话前，总经理主动提升了他的职位。

他依旧大方地分享："现在我不砸玻璃，把锤子交给客户砸。"总经理震惊了，虽然这是一个很小的改动，但为什么他总能想到新方法，而别人却不能？这位员工后来被培养成了销售部门负责人。

其他人总是依赖于现成的方法，而这位员工是主动思考并分享，同时又激发了持续不断的创新，其职场价值自然与众不同。

人们都希望能获得他人的分享，但自己却少有分享，很大程度上是因为缺乏安全感，担心辛苦摸索出来的经验被别人轻易获取，从而失去竞争优势。但实际上，只有能毫无保留地分享的人才可以体会到，分享能让自己产生更多新的想法，能帮助自己挑战更高的目标，帮助他人成功的同时也会得到组织的关注和欣赏。

盘点你的职场价值

每个人都拥有一项核心的资产，那就是职场价值，你只有对它进行盘点，才会知道这项资产的变化，这会使你不再将注意力放在级别、工资、奖金等方面，从而深刻意识到到底做什么才是对职场价值增长有意义的。正如温斯顿·丘吉尔曾说："无论是多么美妙的长远战略，你都应该时不时地看看现在的结果。"

意识到职场价值的变化性

有一位核价专员，她对公司数百个型号产品的成本细项要求熟记于心，工作效率一直都是团队中最高的。后来公司上了报价管理系统，核价员可以轻松地在系统报表中发现异常报价，不再需要靠脑袋记忆或者在海量的成本细项表中去查询。

她突然发现自己过去的高效率已经不是优势，新来的实习生都能胜任同样的工作，便产生了焦虑。

焦虑的根本原因其实是她的职场价值发生了变化，由于工作资源和条件的变化，原本的优势不再存在，自己与别人又站在了同一起跑线上，即使是新人也能在一个月内接手她的工作。

当发现职场价值开始有下降的苗头时，就是该采取新行动的时候了，这要求你必须建立新的能力优势。例如，作为核价员，难免与业务人员存在异议，如果拥有更强的沟通能力，理解业务并分析报出超低价格的原因，从而向公司提出有效建议……新的价值和能力优势就建立起来了。

短视的选择会影响价值

如果不基于职场价值来寻求职业发展，我们很容易陷入"眼前诱惑"，难以发现自己的选择是对还是错。

阿云是室内设计专业的应届毕业生，进入了一家 4A 广告公司做助理，底薪只有 3500 元。公司安排了一位很资深的导师带她，导师告诉阿云：广告公司是很磨炼人的，在两年内你要争取成为合格的项目经理，这需要具备全面的广告和营销知识，能跟进广告制作和投放项目，做好市场调查和投放效果评估等工作，工资就能提上来。

同期进入公司的阿玲，工作上能躲则躲，还经常笑话阿云"拿着微薄的工资，干着无比艰巨的活儿"。三个月后，阿玲跳槽去了一家大企业做前台，月薪 4500 元，而阿云仍然拿着助理的工资，频繁出差，起早贪黑地准备着各种项目资料，响应客户的各种问题。

可是两年后，阿玲还在"轻松"地工作着，而阿云因为表现优秀成为项目经理，快速成长的同时也拿到高于阿玲三四倍的年薪。

虽然薪酬并不能代表一切，但两个人的职场价值已经出现巨大的差距。阿玲选择轻松的工作，她的职场价值一直停留在较低的水平。当然，做文员并不意味着没有前途，很多优秀人才都是从基层岗位开始做起的，但阿玲是为了选择更轻松的工作，就不会去思考如何在基层岗位上不断挑战自我并提升价值，实际上，她的选择是放弃了自己的发展。

盘点职场价值的 10 项指标

职场价值，简言之就是你的身价，这并非精英人士和明星们的专属概念，每个人都有价值，只是人们没有意识到它，更没有致力于经营它。

职场价值是综合性的，也是动态的，它分为**显性**和**隐性**两类，主要有 10 项指标用于综合判断价值状态。

1. 显性指标

这是指可以量化的、看得见的指标，主要体现在薪酬和发展机会等方面（见表 4-1）。

表 4-1　个人职场价值的显性指标

类别	序号	具体指标	是	否
显性 指标	1	薪酬相比上一年有增长		
	2	被组织安排参与更高阶能力的培养计划		
	3	在当前组织内有较为确定的提拔机会		
	4	有充分的外部岗位需求（可以通过猎头或招聘网站观察类似自己的能力和经验是否在市场上有招募需求）		
	5	近一年内，有作为主要成员参与公司重点项目的经历，并且工作成果得到上级认可		

请根据实际情况来判断，在后面的"是"和"否"两列进行勾选，如果超过 3 项指标为否，那就发出了职场价值下降的警告，这意味着你的不可替代性较弱。

当然，有可能因为特殊因素的影响，例如企业盈利情况、组织公平性、上下级风格冲突等，导致前三项指标为"否"，这也无须焦虑，只要指标 4 和 5 为"是"，你的职场价值就仍有基础，只是在当前组织里被低估，你可能要考虑是改变自己的工作风格，还是选择新机会。

2. 隐性指标

隐性指标是定性的，没有显性指标那么直接地反应价值，却是影响未来职场价值高低走势的关键（见表 4-2）。

表 4-2　个人职场价值的隐性指标

类别	序号	具体指标	是	否
隐性 指标	1	你在现有岗位上具备很强的不可替代性		
	2	你的能力在本行业或专业领域里处在前列水平		
	3	你在工作中对其他同事具有较强的影响力		
	4	你能感受到自己在能力和经验上的提升，即使在熟练的工作中仍能发现可优化之处		
	5	你很清楚自己的工作与公司战略之间存在着密切的关联		

这 5 项隐性指标需要尽量做到客观地评估，相比显性指标，它们更能反映你的真实职场价值状态，任何一项选择为"否"，都意味着你需要进行调整。

进行个人职场价值盘点是非常有意义的，在本书所建议的 10 项指标之外，你也可以增加自己的判断指标，关键不在于指标本身的科学性，而在于盘点所带来的审视，用旁观者的思维模式来看待自己，提醒自己，一切努力都要回归到职场价值增长这一主线上来。

本章小结

（1）获得令人欣赏的价值，是职场人的重要成长课题，这需要从一些行为的改变开始：把自己当作最后的把关者、清晰描绘最终成果、毫无保留地分享知识和经验等。

（2）透过盘点个人职场价值的 10 项指标，会揭露自身问题和激发思考：存在哪些影响职场价值的短板？采取什么行动有助于持续提升职场价值？

（3）围绕职场价值的提升来思考和行动，开始由内而外地打造自己，可以最大限度地减少工作生活中的压力、焦虑、抱怨以及攀比的烦恼等，将精力转移到对未来有意义的行动上。

（4）每位职场人都应该在每个年度进行盘点，发现自己职场价值发生的变化并采取行动。这是超过 90% 的人忽略的事情，但现在开始，一切都还来得及。

第三篇

第Ⅱ阶跨越：
凸显职场价值的 SOIP 工作法

在学习第Ⅰ阶跨越之后，职场价值曲线发展之旅进入到做法阶段，本篇介绍的 4 种类型工作法共计 9 项具体做法，会帮助你扩大价值曲线模型里的支撑区域。

还记得第一篇里的第二封信吗？这是一种令人很容易受打击的情况：拥有足够的专业能力和经验，有着良好的工作态度，却晋升机会渺茫。人们总认为发展不利是运气不佳或者组织中的不公平因素导致的，觉得职场就是如此让人无奈，此时自我发展的智慧之门又要悄悄关闭了，你需要进行第Ⅱ阶跨越，掌握凸显职场价值的做法，在竞争激烈的职场中脱颖而出。

过去的二十年里，我在创办企业以及担任企业管理顾问的过程中，深入观察过数百位职场人，他们都是在组织中具有独特价值、晋升速度远超常人的精英，我意外地发现，多数人并非专业能力上的顶尖高手，也没有远超他人的学历和智商，他们的诀窍在于：与其他人承担同样的工作时，更能凸显出自己重要甚至是不可替代的价值。

我将这些凸显价值的做法提炼出来，命名为"SOIP 价值型工作法"，包括以下四个方面。

- Strategic-action（策略工作法，即 S 型工作法）: 从一开始就把任务做漂亮。

- Organizational-person（组织人工作法，即 O 型工作法）: 用"组织人"的方式把事做成。

- Innovation（创新工作法，即 I 型工作法）: 带来持续提升的工作价值。

- Problem-solving（问题解决工作法，即 P 型工作法）: 成为组织里最会解决问题的人。

    SOIP 价值型工作法是企业发展中团队成员最需要具备的能力，但这并不难，任何一位职场人都可以学习并掌握。SOIP 价值型工作法支撑着"凸显价值"，就像一个职场价值"卫星圈"，它们在离"凸显价值"最近的轨道上运转，如图 P3-1 所示。

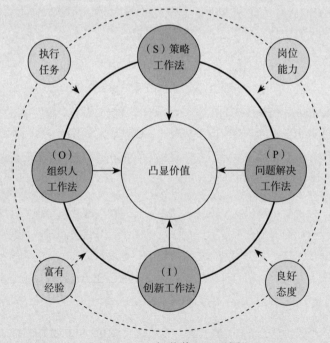

图 P3-1　职场价值"卫星圈"

- 中心是"凸显价值"，任何一个人想要获得组织的青睐，就得呈现出与众不同的价值，甚至是不可替代的。

- 内圈轨道上运行的是 SOIP 价值型工作法，四类工作法产生的价值效应直接作用到中心，它们相互之间也存在联系：策略工作法会帮助人们更注重与他人的合作，从而降低自我意识来以"组织人"的方式开展工作，才能推动问题的解决；当人们以"组织人"角色开展工作时，会得到更多助力，有利于创新活动的发生，继而影响策略的设定及问题解决的效果。

- 外圈轨道上运行的则是职场中通常较为重视的四类要素，分别是"岗位能力""执行任务""富有经验""良好态度"，放入图 P3-1 中是想提醒读者：它们是职场价值的基础，但做到这些仅属于"合格"或者"胜任"，还不足以"凸显价值"。

本篇的四章内容分别介绍 SOIP 价值型工作法及应用案例，结构化地介绍每一类工作法里的数项具体做法，包括问题发现、做法解读、案例、做法小结，并在每章结尾设定相应的练习。本篇内容结构如图 P3-2 所示。

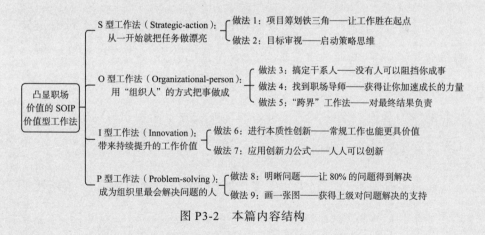

图 P3-2　本篇内容结构

第 5 章

CHAPTER 5

S 型工作法：从一开始就把事情做漂亮

常有人困惑："怎么突然就被水平差不多的人甩开了一大截？"也常听到这样的感慨："某某突然就升职了，运气真好，我怎么没有这样的机会！"他们感到不解，那些原本和自己在各方面条件都差不多的人，怎么突然就迈入了更高的层次？似乎跨越就是一瞬间的事，其实，背后的原因是他们掌握了凸显价值的工作法并不断积累职场价值，其他人没有察觉到这个过程而已。

我曾见证过两位年轻人的发展，他们的例子体现了是否有策略性地开展工作，结果截然不同。

为了帮助各地分公司拓展市场和加强客户黏性，市场部开展了客户交流会项目。部门里，年轻的小 L 和小 K 在各方面条件都差不多，小 L 形象和口才更好，看起来也要机灵一些。领导让小 L 负责项目，他的宣讲效果不错，经常得到表扬，但持续两轮后，交流会的效果显著下降，许多客户再次参加时，看到还是同样的宣讲内容就没兴趣而中途离开。

部门复盘时发现了这个问题，要求小 L 增加客户感兴趣的样板项目及常见问题处理的案例，小 L 漫不经心地答应了，但他心里认为宣讲就是 PPT 美化加演讲技巧，结果交流会效果越来越差。

仅被安排做支撑工作的小 K 提交了一份方案，他分析了各区域市场的需求差异、标杆项目，还设计了邀请忠诚客户分享的环节，让客户来影响客户，甚至连分享的内容他都已经准备好了。原来，他在工作之余投入了很多精力进行客户调研，认为客户更想知道公司能解决什么问题，所以他把客户交流会重新定义为可以和客户进行深度互动的体验会。同时，他还不断自学演讲技巧，每天对着镜子练习演讲，已经"悄悄成长"得很专业了。

领导决定让小 K 主持一场交流会，他没有立刻做 PPT 或会务计划，而是先与业务人员去走访，对产品、服务的应用情况以及实际问题了然于胸。交流会当天，所有客户都聚精会神地听小 K 讲问题和案例，尤其是忠诚客户的分享带来了成功的影响，现场签约的客户超过以往数倍，会议非常成功。

小 K 成了交流会的项目负责人，他坚持与业务人员积极沟通、走访客户、向技术人员请教产品知识，不断迭代交流内容，客户交流会已经成了公司业务增长的重要手段之一。不到两年，小 K 成了高级项目经理，而小 L 却已离职去别的公司做宣讲人员了，随着时间的推移，两人的差距越来越大。

《策略思维：商界、政界及日常生活中的策略竞争》一书中写道："人们在社会当中应该怎样举止行事？……我们不妨设想一个伐木工人的决策和一个将军的决策有什么区别。当伐木工人考虑怎样砍伐树木的时候，他不必担心木头可能跳起来进行反击。不过，当一名将军打算消灭敌方军队的时候，他的每一步计划都会引来抵抗，他必须设法克服这种抵抗……在你做决定的时候，必须将冲突考虑在内，同时注意发挥合作的效力，类似的互动决定就具有策略性。"[⊖]

案例中，小 L 就是在"砍木头"，而小 K 则是像"将军"那样去思考。

大脑也会欺骗我们，很多时候它并没有认真工作来帮你制订好的策略。你一定有过这样的感受，下班开车回家时可能在想事情，并没有思考路线问题，却依然能驾驶车辆按照熟悉的路径回到家中，这是大脑开启了"自动导航模式"，大脑并没有思考。工作中如果一直处在"自动导航模式"，简单应用已经存在于大脑中的经验信息，靠习惯性反应处理工作，尤其是重要的或需要创新的工作，无法进入深度思考并产生新的策略，就难以取得有价值的成果。

利用大脑中已经存在的信息来直接指导工作，的确能帮助我们快速行动，但难以让我们胜任有挑战的工作。策略能力的丧失源自我们缺乏对大脑的认知和训练，大脑不愿意进行策略性思考的重要原因之一在于

⊖ 迪克西特，奈尔伯夫. 策略思维：商界、政界及日常生活中的策略竞争 [M]. 王尔山，译. 北京：中国人民大学出版社，2002：2.

它的能耗很高，占据了人体一天所需能量的20%，没有其他器官会消耗如此之大，所以人类的大脑生来就极其"懒惰"，大脑偏爱固定的自动化处理模式，倾向于避开全新的挑战或不熟悉的事物，一有机会就钻空子偷懒。你了解这一点，接下来就应该将"不愿行动的大脑"训练为"主动行动的大脑"。[⊖]

策略并不会自动出现在脑海中，需要掌握结构化工具来促成它的产生。本章介绍了两项策略性做法，分别是：项目筹划铁三角、目标审视。要知道，在众人皆惯性应付工作时，你具备策略性的思考，从一开始就把事情做漂亮，就会更容易脱颖而出。

做法1：项目筹划铁三角——让工作胜在起点

项目已经成为人们改变世界的一种主要方式，通过项目运作，企业可以改善内部经营，快速响应外部机遇，取得技术突破，改进产品开发，从而更有力地对商业环境中出现的各种机遇进行管理。[⊖]项目运作能力因此成了评估职场人工作价值水平的关键指标。

通过参与项目，可以有机会跨越职级和专业范畴来看待问题、掌握相关经验（例如基层人员参与到公司级项目中，获得更高层次的经验），这已经成为职场能力提升的重要方式之一。

⊖ 菅原道仁.超级大脑的七个习惯[M].吴梦怡，译.北京：中国友谊出版公司，2019：2-7.
⊖ 宾图.项目管理[M].鲁耀斌，董圆圆，赵玲，等译.北京：机械工业出版社，2007：2.

问题发现

企业实际开展项目的成功率并不高，据项目管理机构统计，企业关键的商业应用开发项目的成功率只有28%。[⊖]缺乏项目筹划能力是导致项目失败的主要原因之一，总是带着"有问题再说"的想法，没有策略就去执行，导致过程中疲于应付各种问题，项目延迟或搁置，甚至中途就失败。

- 实际情况不在计划范围内，对各种突如其来的问题应接不暇；
- 计划做成了理想化的任务罗列，对可能对项目造成影响的因素缺乏考量，导致执行过程中处处受阻；
- 项目资源的到位情况和立项时的标准相差甚远，项目负责人四处协调，进度滞后；
- 进程已过半，却有领导对目标和思路提出质疑，项目陷入慌张局面。

如果一开始就拥有"策略思维"，考虑得比别人更周全、计划更有效，便能有效减少以上问题的发生。

做法解读：项目筹划铁三角的五步骤

项目并不是简单的任务安排，而是企业最大的增值基础，更被称为企业战略愿景的"运作现实"，尤其是受组织关注的重要项目，项目负责人就好比一个"小型CEO"的角色，需要对工作全面考量。即使在接

⊖ 宾图.项目管理 [M].鲁耀斌，董圆圆，赵玲，等译.北京：机械工业出版社，2007：7.

手项目时充满了信心和动力，但是有目标也不等于清楚该如何实现，此时不要立刻制订实施计划，而要着手项目筹划。

项目筹划铁三角是一种简单且实用的做法，它只需要你在开展项目行动前，画个三角形来进行系统的策略思考，如图 5-1 所示。图的三个角分别代表三个要素：成果、时间和资源。作为"项目负责人"，会受到三个方面的压力：实现成果的压力、时间限制的压力、资源限制的压力。

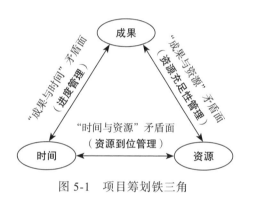

图 5-1　项目筹划铁三角

项目的实际运作中，往往时间很紧张、资源有缺口，但成果又得足够好，这就要进行三方面的平衡和协调，项目筹划就是在有限的条件下做出最优的选择。

三角形的三条边将"成果、时间、资源"这些要素两两连接，它们之间存在着矛盾关系：

- 时间和成果存在矛盾，时间要求越短，在紧张的赶工进程中，成果就越容易不受控，这是第一个矛盾。

- 时间和资源存在矛盾，时间太紧，而资源需要时间协调，往往不能及时到位，这是第二个矛盾。
- 资源和成果存在矛盾，资源不足必然对成果产生影响，这是第三个矛盾。

常见的项目计划实际上往往只是试图解决第一个矛盾（成果与时间的矛盾），在只考虑第一个矛盾的情况下，进度仍经常会出现问题。只有把思维从"赶紧行动"转换到关注"进度会受到什么影响"，才会关注到另外两个矛盾：解决第二个矛盾的过程是资源到位管理；解决第三个矛盾的过程是资源充足性管理，如果这两个矛盾被忽略或没有处理好，就会影响预期的进度。

通过下面五个步骤来制作项目筹划铁三角，让工作更具策略性，能支撑有效行动。

第一步，在A4纸上画一个三角形，把要实现的成果写在三角形的顶角上，一定要将其量化或进行无歧义的描述。

例如，"在某月某日前提交一份市场调研报告"，这个目标是有缺陷的，真正要实现的结果是什么？是"提交"就可以吗？如果改为："某月某日前完成市场研究，并提交新产品概念，包括明确的客户痛点和功能需求。"对比之下就会发现，只有明确的交付结果才会激发策略。

第二步，在三角形的左下角写出最终时间要求以及过程中的一些关键时间节点，并思考这样的时限会带来什么压力，时限的压力会推动对实现项目所需的能力和资源进行审视。

第三步，在三角形的右下角写出资源情况，包括以下几点：

- 实现目标需要哪些关键资源？
- 现在已经获得了哪些资源？
- 还有哪些资源需要争取，向谁争取？

把这些答案写出来之后，思路就从"自己做事"自然转移到"拥抱他人来一起成事"，要让项目成功就必须设计如何获得所需资源，这是执行计划的重要构成部分。例如，项目所需的一项资源是请上级共同去拜访客户高层，那就不能只是心里希望，而要采取能获得上级支持的行动，才会对项目推进有实质帮助，不能只停留在想法而已。

第四步，确定关键矛盾，项目能否出彩的关键就在于你能否"跳出框框"去找到最关键的矛盾，并做出有效的行动计划，这就是策略的表现。例如，所有的人都在关心进度，而你却能意识到资源到位问题并采取针对性的行动。

第五步，完成项目筹划，制定解决矛盾的策略并形成任务列表，对关键矛盾的解决需要设定更高的优先级，根据时间进度将它们放入项目执行计划中。

案例：销售团队的转变

我曾管理过一家电气设备公司，刚去的时候发现销售团队很努力，但业绩增长缓慢。我要求销售团队对重要项目使用项目筹划铁三角，分析后发现业绩不佳的根本原因不是成果与时间的矛盾（不是你想要加快销售进程就能签单），而是第二个矛盾（时间与资源的矛盾）和第三个矛盾（成果与资源的矛盾）没处理好，经常出现这样的情况：

- 方案不匹配客户实际需求且未能及时调整和反馈；
- 内部流程漫长，样板项目资源的协调效率低，错过客户考察期或者在考察期间出现各种问题；
- 高层对大项目的参与度不足，销售人员无法接触客户决策者而丢单；
- 商务部门给出的报价不及时或没有竞争力。

这些问题不仅导致丢单和客户流失，还造成前后端部门间的推诿和抱怨。在应用项目筹划铁三角之后，通过思考三个矛盾的应对之法，销售团队总结出在推进新项目时要回答的四个关键问题：

第一，通过常规的拜访能否打通客户的整个决策链条？

第二，需要什么资源支持？例如高层的对接、特别的折扣政策等，如何获得这些资源支持？

第三，真正制约项目向前推进的因素有哪些？

第四，如何让商务、技术、采购等职能部门能积极配合这个项目？

销售人员逐渐成了有着系统思考能力的项目负责人，他们明白了进度不是靠自己一个人就能推动的，必须与支撑部门人员保持紧密的沟通，交流进展、了解公司政策和资源，共同探讨下一步行动，例如，加强拜访频次，还是首先协调某些资源到位，抑或去争取更多的资源？这样的项目一开始就有了策略。

一段时间后，公司收获了一批有策略性思考能力的销售项目经理，公司的业绩也不断增长，在 2016 年的时候已经成为两家世界五百强电气公司在中国区业绩最高的合伙伙伴。

做法小结

（1）要把事情做漂亮，就不要陷入"尽快完成"的陷阱，筹划本身也是重要的执行内容。

（2）项目负责人是项目的设计师和协调人，必须在成果、时间、资源之间取得平衡。

（3）你越是急于解决第一个矛盾，就越是应该考虑另外两个矛盾，80% 的进度滞后都是因为它们没处理好。

（4）方法一定要转化为实践能力，选择一项你觉得比较难、有压力的工作，按照项目筹划铁三角的五个步骤去做，你就会清楚如何安排更有效。把控工作的感觉比盲目执行要美妙得多，你一定会喜欢上项目筹划的感觉。

做法 2：目标审视——启动策略思维

人们通常把"目标设定""策略制定""计划执行"这三件事依次

排列，就像交接班那样逐个完成，但往往在受到紧张工作节奏的影响时，就会忽略策略制定，直接从目标设定到计划执行，进入按部就班的"轨道"。

启动策略思维是从对目标的审视开始的，那些具有较高职场价值的人，总是通过主动思考如何实现目标来提出策略选项，并确定最佳方案实施。

我与一位企业创始人沟通时，发现他对"思维僵化"一词很感兴趣。他说出了他的感受："现在的员工不愿意思考，我们设计了很好的目标，却总感觉他们没反应，看起来每天在加班加点，实际却是在按部就班，效率很低。明明稍微改善就能有进步的地方却看不到，现在的员工不好带啊！"

我们不禁要问，为什么员工原本应该活跃的思维，在接到目标的时候却像被"冻僵"了一样？这又如何能产生创新和突破来实现那些激动人心的目标呢？这当然有管理者的原因，但作为自己职场价值的第一负责人，我们需要知道，在被动的心理驱使下做事是没有成就感和快乐的，只有学会重新审视目标并找到价值，激发出要做好的念头，才能自主工作，这无论对于个人的成就感，还是对组织的价值贡献，都极为重要。

问题发现

真正影响人们是否有兴趣去"琢磨"目标并产生行动策略的，是他们对目标的理解。人们面对工作目标时，往往因为存在以下一些观点，"竭尽全力"的想法消失得无影无踪，因此，策略的"火苗"从一开始就被掐灭了。

- 目标是用来管控我的；

- 把目标分给我们，我们其实是在帮上级完成他的工作；

- 目标就是个数字，而且总是毫无理由地硬性增长；

- 上级定的目标根本无法完成，什么激励措施都是在画大饼；

- 我就拿这点儿工资，却要背负那么高的目标，凭什么？

…………

职场中存在一个有趣的现象：谈到目标时往往是管理者较为兴奋，可当他们以下属的身份来听更上一级下达的目标时，就变得不再兴奋了，和他们下达目标时，他们下属的表现一模一样。明明知道是应该做好的任务，但内心就是不想去"接"，期待着目标能低一点儿、时间期限再宽裕些，这种内心想逃避，实际上却不得不接受的情况，会让人的状态变得糟糕，这会带来以下问题：

- 对目标麻木，没有想法就去执行；

- 依据经验或者个人感觉来采取行动，投入了资源后才发现不可行；

- 面对新目标却一味按照固有做法来行动，导致失败。

这些问题在工作中不断出现，但往往直到情况变得严重时，人们才开始解决策略不足的问题。

做法解读：通过目标审视开启策略思维

当人们被动接受目标去行动时，会产生两个副作用：过于追求确定性和缺乏参与性。

对于目标，采用确定性思维来处理时，会因为害怕出错而选择固有的模式，思维越僵化，自我意识就越脆弱，我们越是被束缚，想法就会变得越固执。[一]正如菅原道仁在《超级大脑的七个习惯》中提出的研究成果"大脑偏爱固定的自动化处理模式"，当对实现目标的思维缺乏灵活性时，人们就只是为了不出错，而不是为了尝试更多的策略来将事情做得更好。

以拥抱不确定性的思维来看待确定的目标，扔掉束缚着我们的旧观点和旧的行为，才会产生兴奋感并投入专注力去探索更多的可能性，从而形成更有效的策略。

我去某企业讲授"目标管理与计划制订"课程，有人一开始认为不需要听这门课，因为目标从来都不是自己定的而是上级给的。问题的根源在于对目标缺乏参与性，他们并不认为这是自己的事，又不得不去完成"不属于自己"的目标，这种矛盾扼杀了他们对工作的主动性。

想要在组织中脱颖而出，就得换个思维重新审视目标，因为它就是你的，只有真正参与进去才会发现，通过目标审视开启策略思维是多么

○ 施瓦茨.可能性法则：量子力学如何改善思考、生活和爱的方式[M].何芳，邓静，译.北京：中信出版集团股份有限公司，2019：77.

美妙的改变，正如本杰明·富兰克林所说："告诉我，我会忘记；演示给我，我可能会记住；但让我参与其中，我就会理解了。"[一]一旦开始这样工作，就会渐渐投入其中，从而感到兴奋，激发干劲，变得越来越快乐，这样的现象在心理学上被称为"工作刺激"。[二]

"通过目标审视开启策略思维"是一项简单而有效的做法，是 SMART 原则的应用。SMART 原则最早由乔治·杜兰提出，是指 Specific（明确性）、Measurable（可度量性）、Attainable（可完成性）、Relevant（相关性）、Time-bound（时限性）。也许你早就知道 SMART 原则，认为它很简单，但就是因为很多人存在"早就知道"和"看起来会"这样的观念，反而没有真正深入学习和应用。

利用 SMART 原则进行目标审视，需要通过三个步骤来开启策略思维。

第一步：采取提问的方式来运用 SMART 原则

用"陈述句"很难激活人的思考，但采用"提问"的方式，就会发现更多信息。对于你所设定的或被下达的目标，依次对 SMART 原则的五个方面进行提问，就是进行策略思考的过程。

- 明确性（Specific）：目标描述是否明确？我是否知道目标的价值？完成它是为了实现什么？
- 可度量性（Measurable）：是否能有效地衡量目标完成情况？

洪恩.凸法则：从默默无闻到脱颖而出 [M].丁美龄，译.武汉：长江文艺出版社，2016：23.

菅原道仁.超级大脑的七个习惯 [M].吴梦怡，译.北京：中国友谊出版公司，2019：34.

- 可完成性（Attainable）：目标是否合理且可能实现？如果觉得不可能完成，那是存在何种因素影响？

- 相关性（Relevant）：这一目标是否与公司经营方向/战略有着紧密的联系？是否与其他目标有所关联？

- 时限性（Time-bound）：从开始到完成是否有明确的时间期限？这个期限是否带来压力？这些压力是因为事情多而无法专注此目标，还是因为对完成目标感到困难？

不断对目标的这些方面进行问答，就是在进行策略思考，是真正在接近目标。虽然这并不难，但多数人却因"急于开展"而忽略。

第二步：对不确定的选项进行分析

从上述提问中找出还不确定的选项，列出来逐个分析，直到确定为止（如果还是无法确定，就需要将目标拆解为更小的颗粒，再进行目标审视）。这个过程会帮助你重新审视目标与做法，从"做任务"的思维转变到"做出价值"的思维上来。

一位产品经理接到新目标——"2023年8月31日前完成某系列新产品上市"，由于时间紧迫，他每天都和团队加班加点，"疯狂"地协调研发、市场等部门以及外部合作方。在最终期限前一天，新产品顺利完成了批量生产，各种宣传资料也分发到各区域市场，广告商也按期完成了投放，一切看起来都那么顺利。但在三个月后，新产品上市表现反馈不佳，高层在会上做出严厉的批评，总经理说的"产品团队没有表现出价值"这句话刺激到了他。这些天他都在紧张地"打仗"，喘口气的时间都没有，却换得如此评价。

其实这位产品经理在流程上并没有做错什么，通过丰富的经验和能力保障了按时交付，只是没有掌握价值型做法，他的工作角色是"推动产品上市"而非"让产品上市成功"。如果从第一步开始做，就不会只把工作重心放到跟进产品开发流程上，对"明确性"的提问会产生思考：新产品上市仅仅是按时间要求交付产品和相关材料吗？它的目的应该是上市后取得销量的成功，那什么才算成功呢？市场人员对新产品有足够的了解吗？产品项目组是否应该关注上市后三个月内的客户反馈？是否需要持续对市场人员进行产品价值的培训……

这时，就会发现新产品上市并不是按固有流程开发的交付结果，而是要以终为始，以产品上市的成功作为标准来开展工作，策略与之前截然不同，从"按时按质交付"变成"提供在市场上能热销的产品"，工作价值自然相差甚远。

第三步：进行结构化改善分析

本书在 5W2H 方法的基础上增加对"必要性"和"改善性"的审视，可以对既定的、表面看起来没有问题的目标或做法进行更深层次的考量，弥补因考虑不周而存在的漏洞，拓展思维并激发出更适合的策略，如表 5-1 所示。

例如，"某月某日之前将客户满意度从 80 分提升至 90 分"这一目标虽然符合SMART原则，但实际工作中，人们往往只是把目光放到了数字上，采取重新调研、更换调研问题、搞几次客户回馈活动等表面工作，而没有做出有实质性提升的举措。如果选择对"How"进行必要性和改善性的审视（为什么这样做？有更好的方法吗？）进而就会探索：如何找到影响客户满意度的重要因素？是否需要设定专项提升活动？如何让客户感知到我们在改变？这些改变真的对客户具有实际意义吗？

表 5-1　5W2H 方法的再结构化

5W2H	具体回答	必要性	改善性
目的（Why）	为了什么	有无必要性	理由是否充分
对象（What）	做什么	为什么选择这些	能否做别的
地点（Where）	在何处开展	为什么要在这里	有更好的地点吗
时间（When）	在何时开始和结束	为什么选择这样的时间	有没有更好的时间安排
人员（Who）	由谁负责	为什么由他来负责	有更适合的人吗
方法（How）	用什么方法	为什么这样做	有更好的方法吗
花费（How much）	需要多少资源	为什么要花费这些资源	有更节省的办法吗

通过5W2H的再结构化分析，就能跳出惯性模式，开启策略思维，继而做出真正有价值的行动，这是从一开始就把事情做漂亮的关键。

案例：如何减少老鼠在偷吃时的风险

在企业培训时，我曾经做过一个有趣的测试，下面是我与学员的问答。

我："老鼠在什么情况下最容易被猫抓住？"

学员："偷吃的时候。"（几乎一致的回答）

我："为什么偷吃的时候会容易被猫抓住？"

反应快的学员回答："因为太专注于吃，猫脚上有肉垫，接近时没有声音，如果远远就能看见猫来了就容易逃脱。"

我："如果我们帮老鼠想办法并设定工作目标，该怎么办？"

又有反应快的学员回答："在猫会出现的通道上安排放哨的老鼠，提醒其他老鼠。"

我："这个答案很大程度上的确能解决问题，但采取这个方法后，老鼠团队发现总是有成员无故消失，看来放哨是个高危岗位，大家都不愿意去了，团队不断'招聘'新老鼠加入，消失率也非常高，有没有更稳定的办法？"

大家又想出了新方案："给猫挂铃铛，一走路就能听见。"但说完都笑了起来——哪个老鼠敢去给猫挂铃铛呢？"给猫挂铃铛"是通过直觉提出来的，大家早已经把SMART原则忘在脑后了，往往"喊"得很痛快，却忽略了"可完成性"。

我非常欣赏一位学员的回答："我还是认为给猫挂铃铛是最好的方案，但没有老鼠敢去给猫挂铃铛，所以我需要一包安眠药，趁猫不注意的时候放在它的食物里，等它睡沉了再去挂铃铛。"

且不说这个答案是否最好，值得赞赏之处在于这是深度思考的结果，他应用了SMART原则而激发了策略思维！既然存在不可完成的担忧，就是在提醒存在风险，说明缺乏资源、缺乏方法，而这位学员启动策略思维，提出了应对之法。

听到这个答案后，别的学员说道："给我一包老鼠药，把猫毒死就可以了！"听起来这个答案似乎更直接有效，但真的如此吗？

我："我们最初的目的是什么？是让猫一来老鼠就能发现，还是弄死猫？你已经更改最终目标了！而且如果换了新猫，还会有新麻烦。"

工作中也是如此，目标很容易提出来，但凭直觉采取的行动往往不是最有效的，甚至可能在不经意间更改了目标。这个测试让大家理解到SMART原则的重要性，简单的工具，只要用起来就能发挥巨大的作用。

做法小结

人也需要利己之心

如果在工作目标上看不到对自己的"利"，怎么可能开动大脑去思考行动呢？对于无法抗拒的、让自己感到为难的、有抵触思想的目标，要投入时间去思考，找到对自己有利之处，才会激发能量去思考如何有效行动。

跳出"现有做法"的框框

用过去的思维和方法来面对新目标时，就会产生无力感，这时不妨思考一下，自己还要补齐什么能力？有没有更能提升投入产出的方法？有没有更省力的办法？还有什么资源可以争取？

简单的方法，用对了效果惊人

无论是SMART原则还是5W2H方法，都让人觉得很简单，只有应用起来才会感受到它们的价值，它们可以帮助你开启策略思维，当然先决条件是你想把工作做得更有价值，渴望自己的职场价值曲线不断攀升。

本章小结

（1）策略性思维的运转，意味着对一件事如何能做成进行深度思考，它让我们弄清楚应该做什么、如何做更有效以及为什么要做。

（2）大脑中存在着诱惑力极大的惰性，让我们习惯于遵循脑海中固有的方法、方式来行动，其实稍微用点儿力，就能激发出更好的想法来。

（3）大脑太久没有进行深度思考，会形成惯性思维和拿来主义，遇到挑战时虽然想把事情做好，却想不出该怎么做。只有按照方法来训练，才能唤醒大脑的策略能力。

（4）你不可能在一个完全真空的世界里做决定。正如《策略思维：商界、政界及日常生活中的策略竞争》里所讲："工作，即便只是社交生活，也可以看作一个永无止息的决策过程……你做决定的时候，必须将冲突考虑在内，同时注意发挥合作的效力，类似的互动决定就具有策略性，与之相适应的行动计划成为一个策略。"⊖

（5）成事的过程，就像一个人在推着箱子往前走，能否到达目的地涉及很多因素，例如，路面情况有什么变化？会不会有人迎头撞过来？有没有人在施加阻力？还有哪些人可以顺路帮你推一把……不能成事的人，总是闷头一门心思干自己的事，最后被何种因素阻挡下来都不清

⊖　迪克西特，奈尔伯夫.策略思维：商界、政界及日常生活中的策略竞争 [M].王尔山，译.北京：中国人民大学出版社，2002：2.

楚；而能成事的人，总是在行动前尽量周全地考虑如何应对这些因素的影响，也就是说，他们在构建策略。

本章练习

练习1：建设皇城项目

请根据下面的案例背景信息进行思考，如果你是负责人，会如何开展项目？会特别关注什么重点工作？有什么策略？

北宋时期，宋真宗要求大臣丁谓在汴京负责修建新的皇城，要求的最终交付成果有三大项：第一个是宫殿，第二个是主干道路，第三个是相关的配套设施（如花园、水池等）。时间期限是一年，如果完不成则后果很"严重"。给出的项目资源非常丰富，上千万两白银预算，上万名优秀的工人，这两项资源如果需要还可能追加，毕竟这是皇帝重视的项目。所有的设计图已经做好了，筹备小组也成立了，皇帝还给了一个关键的东西，尚方宝剑。

请用项目筹划铁三角来设定你的项目开展策略。（参考答案见附录。）

练习2：工作的策略优化

使用表5-2（选择一项或多项，不一定要全部的七个方面）对当前正在进行的某项工作进行分析，寻找可能优化之处。

表　5-2

5W2H	具体回答	必要性	改善性
目的（Why）			
对象（What）			
地点（Where）			
时间（When）			
人员（Who）			
方法（How）			
花费（How much）			

分析之后可能进行优化（新增和改变）的策略：

_____

_____

_____

第 6 章

O 型工作法：用“组织人”的方式把事做成

不少人天真地认为只要做好自己（提升自己的能力和做好本职工作）就能获得提升，但颇为遗憾的是，他们终将遇到发展的瓶颈，只靠自己是不可能获得成功的，是其他人使得你成功，因此你必须重点关注他人，而不是自己。[⊖]

我在培训管理人员时经常提问：“刘备和唐僧的能力强不强？”几乎所有的人都异口同声地回答“不强”，这个回答很令人遗憾，管理人员并不认为“管理”是能力，在他们的眼里刘备武艺不强、唐僧不会打妖怪，但刘备需要自己披挂上阵、唐僧需要自己打妖怪吗？不需要，可他们在组织里是不可替代的。

⊖ 里斯，特劳特 . 人生定位：特劳特教你营销自己 [M]. 何峻，王俊兰，等译 . 北京：机械工业出版社，2011：10-11.

当人们将提升职场价值的方式局限在专业/岗位能力提升时，就会陷入"能力陷阱"，把范围限制在过去给自己带来最大价值的领域，做得越多，就越擅长，就越愿意去做，这样的循环让我们相信自己擅长的事就是最有价值的且最重要的事，⊖这就导致我们忽略其他能力的建设，例如在一个组织里与他人合作的能力。

除了对能力狭隘地定义带来的副作用，人们在组织中表现为"个体人"而非"组织人"，是影响人们做成事的另一个重要原因。以自我为中心开展工作时，只关心自己的目标，只在乎个人的利益，那么，在与他人接触时就会出现矛盾、冲突、消极配合等情况。

我在企业培训中设计了"搭高塔"游戏，是在"棉花糖"游戏⊜的基础上做了改进，在培训时发放相应材料，让学员们分组搭建一座高塔，评定胜负的指标有三项：高度（55%权重）、牢固度（35%权重）、美观（10%权重），三项分数加权相加最高者获胜。发放资源时，刻意造成每组资源都不一样，有的充足，有的很少，过程中还会有"破坏时刻"，要时刻提防别人的破坏。

虽然学员们的参与度很高，但我观察发现，绝大多数人并不懂得如何在一个组织里开展工作，即使他们之间非常熟悉。有的小组每个人都在动手操作，最后做出来的塔与预设的样子相差甚远；有的小组只有一

⊖ 伊贝拉.能力陷阱[M].王臻，译.北京：北京联合出版公司，2019：45.
⊜ 棉花糖游戏：一个经典的管理培训游戏，让人们用意面搭起一个塔，最上方要能放上去一块棉花糖，搭得越高越好，但实际上很多塔在放上棉花糖的那一刻就倒塌了，因为人们沉迷于搭建高塔而忽略了最终要放的棉花糖。

两个人在操作，而其他人袖手旁观无所事事；有的小组还发生了争执，干脆分头各自去做……

人们普遍缺乏"组织人"角色的学习和训练，而这恰恰是企业最需要的人才角色。组织想取得成功就必须发挥1+1＞2的系统效应，这要求团队中的每个人要正视他人的存在及影响，学会与他人合作起来，彼此拥抱，让相互的连接产生价值而非消耗。相对于单打独斗者而言，那些能够获得更多人的助力，能将大家的能力、经验和创造力整合起来做事的人会更具潜力。

当一个人不再从个体的角度来看待工作，而着眼于人，成果就将随之而来，因为合作能够让我们超越个体意识，激励我们产生远超我们个体能力的创新思维。⊖

本章介绍三种实用做法，分别是：搞定干系人、找到职场导师、"跨界"工作法。

做法3：搞定干系人——没有人可以阻挡你成事

企业组织是一种社交网络，没有人可以单打独斗做成事，几乎每项工作都会受到与他人的"互动作用"的影响，优秀的专业能力在"组织人"角色上才能发挥更大的作用。组织需要人与人之间的有效连接，而不是每个人固守在自己的职能边界内，形成一块儿一块儿的"绝缘体"。

⊖ 萨维奇. 合作式思维 [M]. 信任，译. 北京：中国友谊出版公司，2017：15.

谁都希望能没有约束地做事，希望能得到其他人的支持，可是局限在个体范畴时，思维就停留在"做事"而不是"成事"，忽略他人对事情的反应，而这恰恰就是让你感到做事有阻力或受限制的原因。

工作中无论遇到什么样的问题（制度、流程、能力等方面），最终都会落实到人的因素上，走出自己的"一亩三分地"，站在更高层次去思考如何取得最终成果，充分利用相关人员的有利因素、避免不利因素来做事，是非常重要的价值型做法。

问题发现

负责 ERP 系统开发的 IT 经理在与其他部门沟通时得到了正面的反馈，其他部门都希望通过线上系统提升效率。IT 经理与系统供应商很有信心地开展起项目，在预期时间内完成了系统开发，接下来是三个月的试运行。

可是，IT 经理发现几乎没有部门在使用系统，开了好几次会也没有行动，理由很多，例如"操作起来不好用""要评估哪些工作适合上线""别的部门都没动"……在每天的沟通和督促中，三个月的时间都要过去了，他才发现自己只是在做系统本身，而没有把上线应用当作核心目标，一开始的沟通让他忽略了人的影响。这倒不是说其他部门的人故意欺骗，而是当工作涉及自己的时候，他们会因为立场和看法不同，态度有所变化，如果他们判断会给自己带来麻烦或者隐藏着不可控的风险，就不会积极参与，即使知道迟早要上线使用，他们也还是以各种理由拖延。

忽略干系人的影响，以"个体"角色开展工作会带来诸多问题，这些问题困扰着职场人，例如：

- 工作一直进展顺利，到了高管那里却卡住了；
- 由于忽略了和某些人员的沟通，没有参考他们的意见，给工作推进带来麻烦；
- 工作中孤立无援、缺乏助力，加班加点也收效甚微；
- 不知道怎样才能进入领导的视线，抱怨自己没有遇到伯乐；

....

做法解读：管理关键干系人

干系人是源自项目管理的概念，指那些与工作项目有利害关系的个人或群体，他们能给工作后续的进展带来潜在的正面或负面影响，[一]他们会根据沟通和信息获取来判断相关工作对自己的利弊。

在组织中做成事要注意两个很重要的方面，一是要能识别关键干系人，并形成对应的沟通策略，使工作顺利推进；另一个就是要获得高层的认可，他们决定了你能否获得发挥能力的机会，以及你的工作价值能否被认可。

识别关键干系人并有效沟通

1）关键的四类干系人

几乎所有工作中人际关系困难的原因，都根植于对角色和目标的期

⊖ Wheelen T L, Hunger J D. Strategic management and business policy[M]. 4th ed.Reading, MA：Addison-Wesley，1992.

望有冲突或模糊不清。[一]优秀职场人在推进工作时，会预先思考阻力和动力在哪里，针对性地制定与人协作、沟通及施加影响的策略，保障工作朝着既定目标顺利进行下去。

本书归纳了关键的四类干系人，以及如何对其潜在的支持或威胁进行识别和应对。

第一类，资源掌控者。

资源掌控者是企业内部高管或客户的决策者，如图 6-1 所示，他们掌控资源的使用权和分配权，拥有对工作的否定权，尤其是在工作开展之初，他们的意见影响巨大。要得到足够的资源，让工作顺利进行，并且要让最后的工作成果得到认可，就必须要重视此类干系人。

```
第一类干系人：资源掌控者

角    色：

         • 工作决策（启动、暂停、取消任务等权力）
         • 掌握资源（资源投入量和投入节奏的决策权）

关    心：开展工作及投入对组织带来的影响，投入产出情况
```

图 6-1　资源掌控者

但许多人怵于与资源掌控者沟通，有时候未能完全明白其意图，也不去想办法了解（例如获取决策者周边人员的建议）就赶紧执行，这为工作后续开展中的不顺利、工作成果不被认可埋下了隐患。

[一] Berkun. 项目管理之美 [M]. 李桂杰，黄明军，译. 北京：机械工业出版社，2009：179.

在沟通时，不了解"资源掌控者"的关注点就容易"费力不讨好"，他们没有时间和精力听你长篇大论，他们最关注的是"利益"，也就是你的工作会带来什么样的投入产出。一些职场人在汇报时习惯冗长地介绍工作背景、操作过程、方法流程等，这些很容易令资源掌控者不耐烦，导致还没展现真正的工作亮点就失去了机会。只有资源掌控者对你的工作带来的"利益"感兴趣时，才会愿意去了解接下来如何做、需要什么资源，也才可能给予你支持和更多资源的权限。

第二类，成果使用者。

接受并使用工作成果的干系人有着很高的话语权，他们是工作成果的主要评估者，非常关注成果"用起来怎么样"，如图 6-2 所示。如果他们认为接收到的成果会影响自己的工作绩效，就会要求改进，或者评估低分、拒绝接收成果。应尽早与"成果使用者"充分沟通，了解其对工作成果的期望及工作成果的使用场景，从而充分满足其需求。

第二类干系人：成果使用者

角　　色：

- 对工作成果以"使用方"的角度进行评估
- 更容易与你建立良好的个人关系
- 更容易采纳你所提出的建议

关　　心：应用效果 / 我们用起来怎么样

图 6-2　成果使用者

举例来说，一位人力资源绩效主管要对各部门绩效指标进行年度调整，就一定要与各部门负责人进行充分交流，了解其对各个岗位的要求，才能做出适用的方案，否则就难以得到其他部门（绩效指标使用部门）的认可，导致绩效指标推行受阻或无法落地。

"成果使用者"最希望获得的是对他们的工作有价值的工作成果，他们会主动与工作负责人进行沟通并提出建议。与他们建立起良好的个人关系是必要的，会有利于他们将遇到的实际情况和想法与你同步。

跟"成果使用者"站在同一个立场，他们就更容易接受你的工作思路并参与其中，甚至可以帮助你去影响其他干系人（例如从使用方的角度去影响资源掌控者，帮你获得更多预算），这需要你基于"用起来怎么样"的角度来开展工作。

第三类，专业评估者。

这类干系人是站在专业且客观的第三方角度来对工作进行评估，对相关专业和标准进行评价与审核的，如图6-3所示。例如，软件公司为客户提供HR系统，客户的IT部门就是专业评估者，会从项目需求、技术架构等多个方面提出建议并评估。如果没能得到专业评估者的认可，就会在沟通/汇报时面临挑战，而这些挑战会带来工作的调整和工作量的增加，甚至导致工作失败。

比较麻烦的是，如果缺乏认可，专业评估者的专业意见往往不会一次性完整地提出，而是在工作的各个阶段不断出现，会严重影响工作节奏。

借助成果使用者（内部客户）去影响专业评估者是个不错的方式，有他们从中协调会减少不少麻烦。当然，尽可能早地与专业评估者建立起联系，尽可能早地充分获取并尊重他们的意见，对工作进展会起到很大的推动作用。

> **第三类干系人：专业评估者**
>
> 角　　色：
>
> - 评估专业／技术方案
> - 对最终成果的专业标准把关
> - 过程中不时提出建议
> - 经常会提出反对意见
>
> 关　　心：工作成果（产品／服务）符合规范／要求吗

图 6-3　专业评估者

第四类，工作引导者。

这类干系人有可能来自以上三种干系人的任何一种，也可能是独立存在的，不管出于什么原因，他们的目的就是保证你的工作能做成，如图 6-4 所示。

> **第四类干系人：工作引导者**
>
> 角　　色：
>
> - 帮助协调问题、提供思路建议等
> - 知会你工作的"关键情况"
> - 获取各个"关键人员"的期望并知会你
>
> 关　　心：项目的成功

图 6-4　工作引导者

通过工作引导者可以获得与工作有关的关键信息，他们可以帮助协调资源、影响其他存在阻力的干系人，但他们的额头上不会写着"工作引导者"，你需要去发现并与他们建立良好的人际关系，让他们愿意帮助你成功。尽可能在前面三种干系人中找到工作引导者，关键在于将他们关注的"利益"和你的成功捆绑在一起。

以上四类干系人之间会有重叠，例如资源掌控者也可能是成果使用者或者专业评估者，当然如果能让资源掌控者成为工作引导者就更好了。把四类关键干系人列出来，分析他们的角色和关注点，与其沟通的策略才会明晰，才能针对性地去满足他们的需求并协调干系人之间的不同需求。

2）管理干系人的四个步骤

在实际工作中，可以采取以下 4 个步骤来进行干系人管理：

步骤 1，识别干系人。

在工作前期要初步识别干系人，务必明确四类关键干系人，除此之外，其他所有和工作进展有关的干系人也尽可能列出来。

步骤 2，分析需求。

初步分析他们的需求（个人需求和组织需求），判断可能存在的助力和阻力，对阻力要考虑如何应对，是回避还是通过工作引导者来影响，并制订与重要干系人的沟通计划。

步骤 3，查漏与维系。

在工作过程中要持续地识别新增的或漏掉的干系人，并与重要干人保持融洽的关系。

步骤 4，终盘检查。

在工作尾声阶段要谨慎地检查是否有干系人的需求没有考虑到，会对工作最终结果产生什么样的影响，是否需要弥补。

3）与关键干系人的沟通策略

进行有效的沟通是干系人管理的关键，但最大的挑战是如何与不同的干系人进行沟通，而不是"平均用力"，如图 6-5 所示，可以清晰地看到，采取恰当的方式进行沟通，不仅有助于节约精力，还能让沟通更有效。

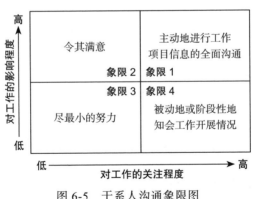

图 6-5 干系人沟通象限图

- 象限 1：这类干系人对工作的影响程度高、关注程度也高，他们的意见能轻易影响工作的开展，务必要主动与其进行工作项目信息的全面沟通。

- 象限 2：这类干系人对工作的影响程度高、关注程度低，对工作具体开展并不感兴趣，但他们能左右工作的"命运"，与其沟通就要做到"令其满意"，例如，向某位高层汇报时，要尽量采用他喜欢的风格。

- 象限3：尽量不要把精力花在这类干系人身上，他们对工作的影响程度和关注程度均低，但实际工作中，因为与此类干系人沟通更轻松，所以人们与他们的沟通时间远远多于关键干系人，这是特别需要改变的。

- 象限4：这类干系人对工作的关注程度高、影响程度低，他们可能是对你的工作感兴趣的人（如其他项目的负责人）、流程相关人员或你的下属等，他们需要了解工作进展情况，但并没有太大的影响能力，所以只需被动响应沟通需求，或者程序性地知会信息即可。

获得高层领导的信任

要在工作上获得成功，高层的支持是很重要也很现实的因素。如果你负责的项目是由高层发起的，或者你能得到高层的认同与重视，工作的开展就会顺利许多。组织里不同项目的"待遇"千差万别，背后的核心原因就在于是否能得到高层的支持，他们决定了工作资源的投入。

缺乏高层支持的关键原因是没能获得信任，即使被选为工作负责人，也并不意味着就获得了足够的信任。高层在任命工作负责人时，会基于其职能、专业能力和经验，对工作负责人有一定程度的信任，但在资源使用上总是存在质疑：下属会不会故意夸大项目预算来获得额外的支持？于是在资源投放上，高层往往选择"就低不就高"的策略。

"工作因为领导信任而做出成绩，而不是因为做出成绩领导才信任。"这句话其实颇有道理，信任是对能力和品质都有信心，它是有意义的人际关系的核心，没有信任，就没有付出、结盟和风险承担。得到高层的信任，会让项目更有自主权，更容易得到足够的资源，更能发挥团队的能力。

因此，你必须做出能赢得信任的行为：

- 敢于同高层确认自己对其想法的理解。高层得到反馈，确定你真的理解了自己的想法，他才会放心。

- 想办法让高层更多地了解你。人在做决策时，都会潜意识地选取自己熟悉的资源，如果高层不了解你的特点、优缺点、对工作的想法，又如何能对你产生信任呢？

- 把握关键时刻。珍惜每一次与高层交流的"关键时刻"，你必须对工作的细节情况了如指掌，那些被上级询问时还要去找其他人了解情况的负责人是不会被信任的。

- 汇报和沟通要真诚客观。高层不是傻子，他们能很敏锐地判断你是在回避还是转移责任，说实话也许会被批评，却会逐渐赢得信任。

- 对可能存在的问题要提前做出预案。对发生的问题立刻去解决，这虽然很好，但远不如提前想到问题并做出准备更有价值。经验丰富的上级会敏锐地意识到潜藏的问题，这时如果你已经有准备或预案，会加分不少。

- 用高层欣赏的思维模式和方法论来工作。越是职位高阶的人，越重视思维模式，他们对一些方法论有偏好。如果想要获得他们的支持，就要去了解并运用起来。例如领导经常强调工作要闭环，但你的工作汇报只谈问题，不提解决思路和执行计划，他们自然就不会感到满意，继而产生对你工作能力的不放心，"不放心"是信任问题的源头之一。

赢得高层信任的方法还有很多，根据不同高层的个人特点会有不同的办法，但不管怎样，你要想做成事，赢得高层的信任必不可少。

案例：失而复得的大订单

这是我在多年前的一个项目，每每回顾起来都在提醒我不要遗漏干系人。当时国产通信设备刚起步，为了让国人享受更加价廉质优的通信服务（外资设备价格高昂，当时安装家庭固定电话需要缴纳数千元的初装费），我们在拼命努力拓展项目机会。

一次我带队去突破某省运营商，提前做了周全的方案来证明扩容采用我方设备是最佳选择，可是客户方领导很实在地说："我很认可你们，现在我们用的是国际品牌，虽然价格很贵，但一直运行良好，没有任何问题，实在是没有理由换成你们的设备。慢慢来吧，以后有机会。"

客户都这样说了，我们虽然失望但也没办法，只好准备返回总部。回程的前一天，我们按管理流程做了复盘，其中一项是对干系人计划进行回顾，我们发现还没有和财务部门沟通。有同事说算了，反正立项也不是这个部门决定的，但我还是坚持说再去拜访一下。我庆幸当时做出了这个决定，去拜访财务经理让我们看到了机会：客户的其他各项财务指标都很好，只有运营成本居高不下，其中电费占比最大，客户认为这是正常的（背景信息：竞方设备质量好但非常耗电，我方设备的耗电量仅仅是他们的三分之一）。

我们连夜赶出了新的解决方案，主题改为帮助客户节约运营成本，我们认为这是客户领导最关心的事情之一。当我们再次出现在客户面前时，他笑着说你们怎么还不死心，可是当他看到数据——采用我们的设备比现行设备每年节约数百万元电费时，他有些动心了，因为每年省下的电费都可以买一套全新的设备了。

接下来我们通过公司考察、厂验等活动消除了他的疑问，当然客户还是没有完全采用我们的设备，只是给了我们一定的份额，但这是一个全新的起点，后来的两年里，我们的设备成功全面"占领"了该客户的机房。

当时公司要求我们："凡是与客户采购流程相关的人，每一层每一级都要攻克。"在这个项目之后，我们更加意识到，要做出卓越的成绩、要赢得竞争，对干系人的细致分析、与干系人的沟通至关重要。

做法小结

（1）干系人的不同需求会让他们看上去是彼此冲突的，为了响应某一个干系人的需求，可能会无意中违背了另一个干系人的意愿，因为这个干系人对项目有着截然不同的期望。你需要平衡不同干系人的需求，同时还要和重要的干系人保持融洽的关系，以有利于他们支持你的工作。

（2）四类关键干系人可能会重叠，不要把重点全部放到资源掌控者身上，如果能够让专业评估者同时成为工作引导者，对工作的开展会有意想不到的帮助。

（3）理解不同干系人的关注点，会有助于与他们进行有效的沟通，另外还需要结合沟通象限图，把最宝贵的精力主要用在与图 6-5 中象限 1、象限 2 的干系人的沟通上。

做法 4：找到职场导师——获得让你加速成长的力量

借力，是非常重要的技能，但常被误解为无能或取巧的表现，人们热衷于表现出可以独立处理问题的能力，导致很多原本有经验可以借鉴的工作都是从零开始，也重复走弯路。

如果一个职场人每次都鼓足勇气想要改变现状中不满意之处，最终却每次都是不了了之，很大一部分原因是他仅靠自己的专业能力来做事，没有借力，就像没有继续加柴的火堆一样，只能慢慢熄灭。

问题发现

职场人其实大多是孤独的，遇到难题往往只能自己解决，常常导致出现以下情况：

- 接手一个任务，不知道以前是否有人做过，更不知道是怎么做的，自己从零做起，以前的"坑"继续踩；
- 耗尽力气解决问题，才发现很多投入是没必要的，如果能早一些得到有经验之人的建议就能轻松解决问题。
- 工作上单打独斗，缺乏助力，往往事倍功半。

以上这些情况传递了一个信号：你需要找到自己的职场导师。

做法解读：如何获得导师的助力

导师指在思想、学术或某种知识上的指导者。本书对导师的定义是：存在于组织内部或外部（客户也可以做导师），能站在帮你完成目标的角度而采取支持行动（提供指导、协调资源等）的人。

拥有职场导师的益处

我在对数十位高管人士的职场发展进行调研时发现，他们都在发展的关键阶段遇到了职场导师，从而进入加速成长的通道。就连稻盛和夫也曾受益于在创立公司时遇到的"职场导师"，他在《敬天爱人：从零开始的挑战》中这样写道：

"虽说要成立公司，我们自己却没有资金。青山政次是我在松风工业公司时的上司，和我同时辞职，一起参与新公司的创建。青山有两位京都大学电器工学专业的同届同学——西枝一江和交川有。他们俩先后与我见面，听取我的构想……西枝先生还教导我：'不要做金钱的俘虏。员工应该成为公司的主人。'根据西枝先生的意见，让我以技术做股的形式出资，如此看重、厚待一个年仅27岁的青年，我从心里感谢西枝先生的深厚情谊。出资方与我们创业成员心心相连，成为公司创立的基础。"⊖

⊖ 稻盛和夫. 敬天爱人：从零开始的挑战 [M]. 曹岫云，译. 北京：机械工业出版社，2016：15-17.

稻盛和夫刚创业时对公司经营没有概念，但在西枝这样的好导师的帮助下顺利地创立了公司。得到一位好导师帮助的益处毋庸置疑，具体来说，在以下四个方面能发挥很大的作用。

1）关键时刻的提醒与建议

每个人都会遇到需要做出抉择的关键时刻，这些时刻往往伴随着情绪波动，容易让人做出不恰当的抉择，如果有职场导师给予建议，他们的经验和洞察力会帮你平静下来并做出正确决定。

2）帮助解决棘手问题

工作其实就是在解决问题，即使身边有朋友、同事，能帮你真正解决问题的也寥寥无几。我经常说："觉得麻烦代表方法不对，觉得困难代表能力不足。"如果你仅局限于用自身能力来解决问题，就会一直陷入工作的"麻烦"和"困难"中，而职场导师对行动思路、获取资源的指点会让问题迎刃而解。

3）提供经验和资料

职场竞争中，谁掌握的信息更及时、更准确、更丰富，谁就更有可能获胜。如果有一位职场导师愿意将多年的经验传授给你，就能让你少走很多弯路，他分享一些积累的资料和案例，能帮你站在更高的角度看问题，也能减少你摸索消耗的时间。

4）人脉关系的影响

人脉的重要性众所周知，有人去读总裁班、跳槽去更大的平台、托人引荐等，都是在努力扩展自己的人际圈，但这并不等于搭建了有效的人脉。对于绝大多数职场人而言，本书给出的更落地有效的建议是：首先将自己的上级、老板视作导师，用心向他们学习，并让他们注意到你、愿意帮助你！

如何获得导师的青睐

谁都希望得到好导师的帮助，就像电视剧《我的前半生》里，罗子君身边有个贺涵那样"无所不能"的导师。其实我们身边并不缺少能担任导师的人，但必须要思考一个问题，那就是"凭什么"——更优秀的人凭什么愿意做你的导师呢？想清楚这个问题，去采取能获得导师青睐的行动，才是值得重视的事情。

如果能让高层领导成为你的导师，会最大限度地加速你的成长，但试图一开始就获得领导的关注，也是一件极有风险的事。职场人首先要尽力让直接上级成为与自己有"缘"的领导，这个"缘"体现在三个方面：**愿意培养你、愿意推荐你、愿意提拔你**。好的职场导师不会从天而降，我建议先做好以下几个方面，才能回答"凭什么"。

1）敢碰"硬骨头"式的工作

孟子在《生于忧患，死于安乐》中写道："舜发于畎亩之中，傅说举于版筑之间，胶鬲举于鱼盐之中，管夷吾举于士，孙叔敖举于海，百里奚举于市。故天将降大任于斯人也，必先苦其心志，劳其筋骨，饿其体肤，空乏其身，行拂乱其所为，所以动心忍性，曾益其所不能。"

真正的好机会从不会轻易出现在你面前，它不会让你舒服地拿到，而且往往表现得让人不那么喜欢，不那么容易接受，甚至拿到它的路上困难重重，只有当你鼓起勇气，能够舍弃舒适去挑战时，机会才会华丽地转身为你停留。

现在的职场里，人才如过江之鲫，能否从中脱颖而出，关键看你能不能啃硬骨头，例如顽固问题的处理、异地市场拓展项目、技术攻坚工作、跨部门协调等。对于那些缺资源缺人手、时间还紧迫的工作，不要认为是麻烦事，要看作机遇，当作展露自己才能的机会。内心抵抗的声音越响亮，就越应该告诉自己坚定地去做，并做好。

2）以更高的格局来做事

更高的格局就是能跳离自己的位置和角色，站在更高的角度来看待问题，关注点从个体目标转向整体目标。

- 如果你是普通员工，能摆脱自己的喜好和习惯，站在对部门有利的立场来开展工作和沟通协作，就是有更高的格局；
- 如果你是中层管理者，不要总站在自己部门的立场与其他部门比较或争执，而要以推动整个链条的工作为导向来解决问题，就是有更高的格局。

有更高格局的人更有机会让上级成为自己的职场导师，因为这样的人能帮助上级推动工作，能做对上级有益的事。

3）具备个人的USP

USP（Unique Sales Point）原本是一个营销术语，指区别于竞争对手的独特卖点。它同样可以用到职场发展上，要想赢得上级青睐、要让高水平人士成为你的"导师"，除了具备良好的能力、做事踏实勤奋，还必须要塑造USP，要让人印象深刻。

至于什么USP能帮你成功，这并没有标准答案，可能是某项技能，可能是创新思维，可能是会制作精美的文档，甚至也可能是个人形象……但你务必要拥有你的USP，这需要审视你所在企业组织的实际情况，以及自己所具备的条件，来思考自己在哪些方面有机会形成USP，并努力去塑造它。

一家提供技术服务的企业，近年来引进了不少高学历人才，不少低学历的老员工被替换，但一位只有中专学历的技术主管却没有受到任何影响，因为每一个跟他去现场处理过问题的人都会很服气。

- 他虽然学历低，却能用流利的英语跟外资客户交流专业问题，而新来的研究生却听得一头雾水；
- 他对各个主流品牌的系统如数家珍，老系统升级到新系统会有哪些问题他都了然于胸，帮助客户提前做好准备；
- 客户特别欢迎他，只要有他在，很多原本该报废的零件都能维修好，尤其是一些已经停产的零件，这节约了不少费用。

这位主管有两项USP，一是基于专业的持续学习，只要是和工作有关的知识，他都如饥似渴地学习；二是特别擅长维修，他痴迷于一些机构件，把原理搞得很清楚，动手能力极强。这样的人，公司里难有第二个，他是不可替代的，学历低又算得了什么呢？

向导师求助的时机

值得注意的是，求助导师要注意时机，我在大量的职场案例分析中发现，如果要有效借助导师的力量来帮助解决问题，得把握好两个关键时刻。

1）在着手处理问题之前求助

求助前要有自己的思考，向导师求助时能清楚地、有逻辑地说出来，而不是用抛问题给别人的方式，这包括四个要点：

- 简明扼要地说明现状是什么样。
- 为什么这件事很重要且需要立刻解决？
- 自己的思考是什么？（这一点要尽力做好，而不是等着导师帮助。）
- 需要求助导师什么方面，是帮助审视思路还是协助提供资源等？

不要让导师觉得你没有尽力思考就把问题抛给他，这样也能避免导师不知晓具体情况而给出泛泛的建议。

2）对工作复盘后再求助

不论问题是否已经得到解决，都应该先进行复盘，尤其是对于重要项目或者让你觉得很费劲的工作，先自行复盘再去求助导师。即使工作已经处理得很好，也可以从导师的建议中获得更多的可能性，从而探寻更优化的方式；如果问题没有得到解决，则能通过求助发现疏漏和不足之处。

案例：晋升迅速的年轻高管

在一家大型集团公司的二级企业里，新调来一位年轻的董事长，员工们私下里认为他是由于当过集团董事长秘书的缘故，才会在短短十年间从普通员工被提拔到二级企业董事长的位置上。

年轻的董事长上任后立即开展了全新的战略规划，引入新的战略合作方，也争取到了集团的政策支持，让已经亏损数年的企业重新焕发生机，这让人们改变了观点，他们纷纷议论：

"不愧是在集团跟在大老板身边的人……"

"年轻就是有魄力，敢创新，以前来的几个都是毫无作为……"

"在集团见得多，格局高，获取资源的能力强，就是不一样……"

其实，这位董事长做过的"苦活累活"并不少，从普通员工做到项目经理，再到艰苦地区拓展业务，后来被选为集团董事长秘书，担任秘书的三年时间里，他尽力做好每一个工作细节，对海量的资料烂熟于心，经常被董事长考验对经营问题的看法……

他的成功一方面在于他的基础能力很强，另一方面则由于他的努力赢得了领导培养他和帮助他发展的意愿，领导不断给予他各种挑战机会，使得他的发展速度远超常规。

做法小结

（1）"如何赢得导师的帮助"是最重要的职场发展课题之一，好导师就是资源，但这得靠自己去争取，通过行动来回答"凭什么"其他人愿意做自己的导师。

（2）不要"不好意思"去争取导师，能力＋机遇＝实力，能让机遇为己所用，就是实力的体现。

（3）如果上级愿意做你的职场导师，这比平常社交的人脉价值高百倍。

（4）能让上级或其他高水平人士愿意做导师的人，往往具备三个特点：敢碰"硬骨头"式的工作、以更高的格局来做事、具备个人的 USP。

（5）机会在于细节，如果导师给你建议，你却不放在心上，导师就很难再愿意指导你了，有时候机会只有一次。把握向导师求助的两个时机：**在着手处理问题之前求助，对工作复盘后再求助**。

做法 5："跨界"工作法——对最终结果负责

本书提出的"跨界"并非要去做不属于自己工作范围的事，而是要站在全局角度来主动推动不同职能、专业的协同，敢于对所负责工作的最终结果负责。

问题发现

许多企业里已经出现了这样的现象：流程繁杂、人员分工很细，效率却不断下降，一个项目会议有多个部门参加、一件事项需要若干人审核，却没有人为最终的结果负责。

工作变得越来越复杂，对不同层级、职能人员的协作要求日益提高，但传统企业的职能式架构把人都"圈定"在了某个位置上，部门壁垒高高筑起，人们习惯在自己的职能范围内"安分守己"。工作方式就像在"开碰碰车"，需要的时候才会"碰"一下，而且也是一触即分，忙来忙去却效率低下，许多项目都缺乏有效的推动力量。

做法解读：成为敢"跨界"的价值型人才

人们热衷于"掌握一项技能傍身"，但这是否能让人保持职场价值并成为受重视的人才呢？例如专业属性极强的 IT 开发人员，他们总是面对快速更迭的技术浪潮和同行之间激烈的竞争，他们认为，如果想要不被淘汰，就不得不时刻关注技术趋势，进行自我更新。

可是职业社交网站领英（LinkedIn）首席执行官杰夫·维纳对此有不同的看法——IT 人才保持竞争力的关键不是编程技术，而是软技能。杰夫提醒求职者，并指出人才市场需求和技能匹配之间存在矛盾：现在人们过于强调技术人才的硬技能，而大多数雇主更强调候选人的商业头脑和软技能，包括项目沟通、团队建设和工作领导技能。思科公司的一项调查也呈现了相同的观点：IT 人才需要更好地将 IT 价值和业务成果联系起来，进而转化为商业价值。他们需要更强的商业头脑、批判性思维和深入解决问题等技能。⊖

"跨界"工作法是职场人重要的软能力，它的核心在于"整体推进能力"，从"做自己专业和职权范围内的事"转变为"做什么才能顺利推进整体进展并获得最终结果"，主动关注工作的前后衔接，考虑工作

⊖ 学编程热度不减，未来职场需要有商业头脑的程序员，界面新闻。

流程的顺畅性而非仅关心自己在某个环节的交付，即使出现他人不配合的情况，也要想办法解决和继续推进，为最终结果负责。

例如，一个由研发部门负责的新产品项目，在完成研发工作后，测试部门耽误了进度，责任看起来是测试部门的，但有"跨界"意识的研发管理者，一开始就会关注测试部门的需求，把按时按质完成测试当作自己的责任，而不会等到测试工作延误了再去争执是谁的过错。

缺乏"跨界"人才的组织，就像是一个装着许多玻璃球的盒子一样，大家看似在一起，实际上是一个个孤立的个体，偶尔碰撞一下，相互没有交融。不是设立了流程，事情就能顺利推进，现今的组织特别需要能"跨界"的人才。

要成为"跨界"的价值型人才，不仅需要极强的责任心，更是要对自己进行挑战，在其他人都只看自己的"一亩三分地"时，你得多做一些。建议在工作过程中注意以下三个要点。

要点一，设定工作关键节点的"预警"。

人们通常在启动工作时会设定好关键节点，但当发现不符合预期的结果时已经是"事后"了，"跨界"人才不会等待问题发生，他们会在关键节点之前设置预警，提前判断可能出现的问题，留出事前处理的空间。

软件开发项目会设立严格的里程碑来管控任务进度，但仍然不可避免地出现延误、在下个环节才发现上个环节的问题等情况。能"跨界"的项目负责人会将后续环节的要求前置，例如软件模块开发的交付标准不仅是按时完成程序开发，还包括能通过下一个环节的"软件测试"，测试环节的要求就应当作为软件模块开发的预警条件之一，而不是等到测试结果不合格再返回上个环节。这样，即使在测试环节还是发现问题，项目开发的质量也会大幅提升。

要点二，设定与他人合作的不同角色。

你需要设定不同的角色来与他人合作，这是"跨界"工作法的关键之处，你得知道自己在工作过程中担任多个角色，例如审核者、培训师、辅导者、关注者、参与者等。如果把某项目进展比作一条线段（见图 6-6），在不同的任务环节，你要知道扮演什么角色更有利于与他人合作推进工作。

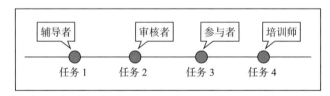

图 6-6 设定各任务环节里的角色

要点三，以终为始，设置工作介入点。

有的人只有在工作流程走到了自己负责的环节才会启动工作，这看起来没错，实则是被动工作，并没有为结果负责，很多企业组织效率低就是这里出了问题。

能凸显价值的人都是想着将事做成，他们会主动关注可能对工作结果产生影响的环节，就好比优秀的厨师不会抱怨给到自己的食材不好，而是会为了好的出品对采购人员提出要求，关注关键材料的采购，因为真正重要的是最终结果。

案例1：采购总监的改变

我在辅导一家集团公司时，采购总监反馈对"压缩重大项目采购周期"这个 KPI 无法实现感到很头疼，由于企业对于采购的流程及合规性检查都比较严谨，尤其是一些新材料或者新供应商的认证需要一定的周期，他们经常在接到重大项目采购需求后加班加点，但还是很委屈地被其他部门投诉采购效率低。

我问他，重大项目采购是不是一定要接到相关部门的需求才开始启动？最耗时的选型及新材料供应商的寻找和认证能否提前做准备？其实提出采购需求之前，公司早就已经立项了。

采购总监恍然大悟，他们以前对公司重大项目的立项是不会主动关注的，流程走到自己这里才启动工作，无论是了解项目情况还是寻找资源都需要一定时间。采购总监意识到了"跨界"工作的必要性，他马上跟市场部沟通，只要有重大项目立项，采购部也要参与相关会议了解情况。

半年下来，"重大项目采购周期"缩短了30%，采购总监尝到了"跨界"工作的甜头。

以终为始，如果你在意自己工作的产出和价值，就要设置工作介入点，提前关注其他环节对工作的影响并做出准备。

案例2：为什么开发不出爆款产品

一次我去参加某公司研发团队的新产品开发讨论会，发生了下面一番谈话。

我：研发团队今年最关键同时也是你们最想做的事是什么？

研发总监：最想做一个电商渠道的爆款产品。

我：那你们是否成立了研究和开发爆款产品的项目组？有什么策略？

研发总监：我们研发部门牵头，我自己就是项目经理，现在的想法就是先要找到客户需求。

我：怎么去找呢？

研发总监：市场人员会给到我们。

我：怎么确保市场人员给到的需求是有效的呢？

研发总监：这个只能他们做，毕竟他们负责前端市场。

我：假设需求对开发爆款产品有帮助，需求给到你们之后怎么做呢？

研发总监：那都是研发的正常流程，产品概念、功能设计、物料选型、试制等。

我：过去也是按这样的流程来开发，为什么没有产出爆款产品呢？

研发总监：……（沉默）

我：你们自己了解需求吗？市场人员给到的需求，有论证吗？

研发总监：市场比我们更了解需求，我们是后端部门，只能根据他们给的来做。

我：谁为最后的项目成果负责呢？

研发总监：我只是项目负责人，最终成果还要多个部门一起来负责。

⋯⋯⋯⋯⋯

可想而之，这怎么可能开发出爆款产品？这位研发总监的工作方式其实是普遍现象："负责事情，但最后结果不是我的事，我只对自己的专业和职能负责。"但这最终会导致自己的职场价值弱化。

做法小结

（1）"跨界"工作法会极大地提升你在团队中的影响力，因为你是一个真正能去推动并把事情做成的人。

（2）一旦将思维突破所谓"本职工作"的局限，关注整体的目标，就会思考：如何获得别人的配合？如何才能将事情顺利推进下去？如何尽可能整合资源来实现目标？这些问题的解决会帮助你树立责任心和信心。

（3）为结果负责，会让你走进更高层的视野。要知道，负责一个点，与推进一条线或一个面，产生的效果自然是不同的。

（4）敢于"跨界"，会大幅提升你的综合能力，包括团队领导力、项目管理能力、沟通协调能力、风险分析能力等。

本章小结

（1）在企业组织中，每个人都会不可避免地与他人产生这样那样的连接，连接质量决定了做事的顺利程度。本章讲述的三种做法（搞定干系人、找到职场导师、"跨界"工作法）都是为了让你掌握能够在组织中与他人合作成事的方法。

（2）思维一定要转换到"如何在他人的影响下做成事"，无论他人支持还是阻碍，都是做成事的变量因素，你要采取针对变量的策略，可能是求助、回避，或者解决。

（3）你必须牢记自己是作为一个"组织人"而非"个体"在开展工作，要经营好自己的人际网络，这在当今时代愈加重要。企业之间、部门之间、团队之间、个人之间的协作和沟通都将变得更加频繁和紧密。当你的能力得到广泛的认可，就会有更多机会与其他伙伴协同工作，人们越是欣赏你，就越是愿意与你共事，你就会有越多的项目机会，不断地历练提升自己。

本章练习

练习1：设定婚礼项目干系人

如果你要举办一场婚礼，应该由谁来担任表6-1中的干系人角色呢？另外请思考，自己担任项目发起人和由父母来担任有何区别？项目经理可以是你自己吗？（本练习的目的是希望你体验到，对项目质量的期待决定了干系人的设定。）

表　6-1

干系人角色	谁来担任
项目发起人	
项目经理	
项目核心团队成员	
项目的客户	

练习2：寻找职场导师

结合自己的工作情况来考虑，你希望谁能成为你的职场导师，请将他们的名字写在表 6-2 中，思考并写出他们愿意帮助你的理由。

表　6-2

意向导师	凭什么让他们愿意成为你的职场导师并帮助你

第 7 章

Ⅰ型工作法：带来持续提升的工作价值

创新是人人皆知且经常挂在嘴边的词语，但我们有多少时候会主动去"创"呢？理论上来讲，人的创造力是无限的，然而从现实的角度来看，每天遇到的压力都在限制人的创造力，多数人相当大部分的潜力仍旧用于努力实现既定目标，而不是去探索。[一]

虽然所有人都知道创新的重要性，但绝大多数人并不相信自己具备良好的创造力，也并不认为自己的工作需要不断创新，直到他们遇到了危机。

具备创新精神和创新能力的人才会愈加受到组织的重视，因为创新是企业获得成功和保持竞争力的决定性因素，不创新就意味着失败。[二]

[一] 萨蒂.创造性思维：问题处理与科学决策 [M].石勇，李兴森，译.北京：机械工业出版社，2016：4.

[二] 葛斯特巴赫.设计思维的 77 种工具 [M].方怡青，译.北京：电子工业出版社，2023：2-17.

创新水平的高低反映了认知水平的高低，正如创新理论鼻祖约瑟夫·熊彼特的名言："无论把多少辆马车连续相加，都不能造出一辆火车。只有从马车跳到火车的时候，才能取得十倍速的增长。"认知水平始终停留在马车的人，永远无法想象火车的速度，因为他们的认知能力始终处于较低的层次。

本章提出的两项做法与传统的创新方法有所不同，侧重于系统性且务实地帮助职场人具备工作创新能力，从而持续提升职场价值。

做法6：进行本质性创新——常规工作也能更具价值

职场人应该掌握的并非让人眼花缭乱的创新工具，而是从看待工作的观念和角度、应对变化的心态等方面，采取更主动、更具备责任感的工作方式，深度挖掘让工作更具价值的做法，这就是**本质性创新**。

问题发现

在日复一日的日常工作中，人们很难挪出精力来专门进行工作创新，尤其是在那些没有创新机制和氛围的企业里，人们对创新有着误解，认为"创新就是截然不同的新创意"或者"使用新方法新工具"，因此出现诸多问题：

- 热衷且急于学习流行的新理论、新方法、新工具，总是向外寻求解决问题的答案，却对于本职工作如何产生更高价值缺乏认知；

- 总是被动进行工作的改善和创新，没有遇到非改变不可的情况时，不会关注创新；
- 为了创新而创新，陷入形式主义的"伪创新"之中。

这些问题会让人陷入无效学习和形式主义，耗费大量精力却无法让职场价值曲线向上发展。

做法解读：锻造本质性创新的能力

本质性创新并不是传统的创新方法，而是通过改变认知和做法来让工作成果更具价值，它是人人都可以做到的，是提升职场价值的有效方法之一。本质性创新也是一种自我改革，即使你已经对工作熟悉得不能再熟悉了，也要"刻意"地去琢磨工作中的改善之道，主动去寻找可能的解决方法。

备受关注的胖东来超市就充分发挥了本质性创新的作用，举个例子，在胖东来各个门店里有个标配工具"敲鱼台"，把鱼敲晕后再处理的办法也已经写入了胖东来的实操标准。对于其他品牌超市而言，帮客户处理活鱼这件事没什么特别的，而胖东来却因为有一次顾客不愿意要摔死后宰杀的鱼而做出了改变，别人认为这是顾客太挑剔，可胖东来超市从汇报主管、开会讨论到增设敲鱼台只用了不到半天时间，这个成本不超过 100 元的敲鱼台，带给了顾客专业和卫生的感觉，这样的创新在胖东来还有很多。⊖

⊖　刘杨.觉醒胖东来 [M].北京：中国广播影视出版社，2023：91.

训练本质性创新能力的四个步骤

步骤 1，列出你当前的主要工作，尤其是那些颇费精力和时间的工作，并写下对最终工作结果的界定。

步骤 2，进行深度思考：这些工作结果是否对组织具有价值？对你自己有什么价值？

步骤 3，对原定的工作成果进行重新定义。这需要对自己的工作提出更高的价值要求，例如，举行团队聚餐活动的成果到底应该是什么？仅仅是在预算内让大家吃喝开心吗？结果定义会主导工作的思路和具体行动。

步骤 4，对行动进行审视：设定与追求更高价值工作结果相匹配的行动，并思考这些行动中哪些可以沿用过去的方法，而哪些需要创新方法。

当你按照这四个步骤去重新审视"令人烦闷"的日常工作时，本质性创新就出现了，它会帮助你对工作重新产生兴趣，让你明白自己要什么，激发你强烈的动机去寻找和改善达成目标的方法、策略、途径等，最终实现创新！

本质性创新需要具备三方面的能力

1）第一项能力：对工作保持高度的责任心

如果不能对工作保持高度的责任心，就不可能创新，没有人能在不专注于工作的情况下产生让工作更有价值的新想法。

有一个案例，是关于某企业创始人回答员工的一段话：

某企业创始人去工厂视察时遇到一个员工提问："为什么累死的是我们，拿走收益的却是你？"创始人的回答让所有人陷入反思："因为我们有三个差别，第一，30年前我创建公司是赌上了全部家当，不成功便成仁。而你不开心随时可以走人。我们的差别在于：创业与就业。第二，我根据市场不断创新，到处对接资源。而你却只是选择做分内的工作，还时不时闹情绪。我们的差别在于：主动选择与被动选择。第三，我24小时都在思考公司如何发展，如何创造利润，每一个决策都可能影响公司所有人。而你在想什么时候能休息，加班有没有补助，哪些对你不公平。我们的差别在于：责任的轻重。"

这三个差别讲清楚了本质性创新所需要的条件：只有把工作当作自己的事业、主动寻求突破、全神贯注地去思考工作如何能更好，才可能做出有价值的工作。

当你保持高度责任心的时候，就必然会关注专业和行业的发展趋势，不会等到当前的做法出了问题才想办法解决，你会主动去寻求适应新趋势的做法，这样才会让创新融入每天的工作。

2）第二项能力：验证新想法的关键假设

新想法并不难产生，但如果你把时间和精力都用在了不可能实现的想法上，就难以做出成果。无法成事的人往往在一开始就已经输了，因为指引方向出了问题，无论多么有激情，创新都是无意义的空想。

任何一个新想法都有支撑它的关键假设，但关键假设可能是错的，可以通过两个方面来检验关键假设是否有意义。

第一个方面，以事实为基础。

偶尔"灵机一动"产生的念头或者闭关数日冥思苦想出来的新方案都非常宝贵，但并不意味着它们就是真正的机会，很多你想出来的东西，早就被别人论证过无数次，或者早已经过时，或者已经被证明不可行。

真正的创新是在朝着目标前进的过程中不断被"否定"打磨出来的，绝大多数想法都可以找到事实信息来证明其不可行性，只不过多数人更愿意相信自己的想法，或者说不愿意正视与自己想法相左的事实。

以事实为基础并非仅仅看当下的情况如何，还要包含趋势性，现在看来也许正确的事和逻辑，如果没能跟上时代的发展，很快就会被颠覆，如果没有意识到这一点，把静态信息当作依据，你以为的机会在将来反而可能成为危机。

很多70后、80后会记得，二十多年前在中国的大街小巷，租赁录像带的生意特别火，很多家庭都购买了录像机，租赁录像带回家看影片。有人看到了商机，认为录像带的市场很广阔，斥巨资从日本引进技术，建立亚洲最大的录像带生产线（后来才知道这在日本已经面临淘汰），结果第一批录像带还没有投产，光盘就出来了，工厂很快就倒闭了。

现在看起来令人啼笑皆非的案例，在当时的情境下却被很多人认为是正确的，即使失败了，他们也认为不是自己的问题，而是自己生不逢时，只是败给了时代发展。实际上，他们真正输在没有看到事实，沉迷于自己的想法，以为的创新实际上已经落后了。

第二个方面，进行系统考量。

人们习惯于将成功或失败归结于某一个因素，这就造成在进行创新关键假设时，认知会碎片化和单一化。

例如，很多人这样看别人成功的逻辑：

● 他是做餐饮挣钱的，我做餐饮也可以；

● 这个公司多元化失败了，所以我们一定要专注当下的行业；

● 他们做直播带货销量暴增，我们如果做直播也可以；

…………

看起来越是简单的成功逻辑，其背后的关键假设越是难以被隐藏或误解，需要通过系统考量来检验：

● 他们成功背后有什么决定性因素？

● 你看到的是全部因素或者核心因素吗？

● 哪些是你不具备的因素？

● 你是否也需要具备这些因素才能成功？还是有其他可以替代的因素？

● 尽可能完整列出真正支撑自己实现创新目标的因素，衡量实现它们需要付出多大代价？

富士胶片的成功转型就是系统考量下做出正确关键假设的最佳案

例之一。20 世纪 80 年代，随着信息技术和数码化浪潮的出现，富士胶片业务急速下降，当时董事会最多的声音就是立刻转型主攻数码相机市场，但董事长古森重隆认为转型数码相机势必陷入价格厮杀，全力进入数码相机市场获得的利润难以弥补胶片业务下滑带来的利润损失。

经过全面和深入的调查之后，富士胶片认为走出危机的关键是要确认公司拥有的技术，以及在什么领域能进一步应用这些技术。富士胶片最终选择了医药品、医疗设备系统、光电、数码影像、印刷以及高性能材料 6 大领域，⊖这些都是成长潜力巨大的领域，同时又能很好地融合现有技术和新技术，满足现有市场和新兴市场。进入 21 世纪后，富士胶片在这 6 大领域都取得了出色的表现。

富士胶片对走出危机所需创新的关键假设是经过系统考量后的成果，不仅要面对当下的危机，还必须系统化地思考未来的发展，方能做出赢得未来的创新。

系统考量是从整体上对产生影响的各种力量及其相互关系进行思考，这一过程可以培养人们对动态变化、复杂的系统性问题的理解和应对能力，有助于人们发现问题的根本原因，看到多种可能性，从而能更好地把握新机会。

职场人在进行工作创新时，通过上述两个方面来对创新的关键假设进行审视，就能够客观地判断想要采取的做法是否有效。

⊖ 古森重隆：富士胶片在生死存亡危急关头的转型与变革，腾讯财经。

3）第三项能力：较高的心力水平

在沉重的工作压力下，还能对早已熟悉的工作进行创新，这需要较高的心力水平，否则会出现有心无力的情况。

缺乏心力的人，不愿触碰有挑战的工作，整个人呈现出一种懒散的状态，没有精气神。即使公司在快速发展的轨道上，他们也只能绩效平平，缺乏对高远目标进行挑战的能量。

创新的过程并非一帆风顺，可能受挫，也可能陷入毫无头绪的困境，只有心力水平高的人，才能保持全力以赴的状态，他们精力远超常人，对要解决的问题毫不妥协，有着足够的内在力量去支配行为。

要让自己具备较高的心力水平，需要有以下三个方面的基础。

首先，工作有定力。定力就是处变的能力，有足够的意志力应对变化，我曾遇到一位哲人，他告诉我："定学的修持意在培养人之定力。有定力的人，正念坚固，如净水无波，不随物流、不为境转，光明磊落，坦荡无私。有定力的人心地清净，如如不动，不被假象所迷惑，不为名利而动心，定学修持到一定程度自然开慧。"一个人如果总是心不定，听风就是雨，遇到一点儿困难就停下来，自然也就不可能去寻求创新。

我至今记得多年前入职华为公司，作为新员工参加的一场辩论，题目是"爱一行干一行，还是干一行爱一行"，当时正反双方辩得异常激烈，但现在看来，无论选择哪个观点，关键在于要能"定"下来，能安心做好当前的工作。

"定"的过程，就是在积蓄能量，对看起来平凡的、不起眼的工作，也能坚持不懈地去做，并且尽可能做好，这样就具备了进行本质性创新的"持续的力量"，内心愈"定"，心力就愈强。

其次，具有高远的目标。一个人如果只着眼于眼前，每天简单重复，反倒会耗费心力，无法获得成长。高远的目标能在人们遇到问题和阻碍的时候牵引人们定下心来去解决，做到自己竭尽全力的水平，不断取得新的突破。

试想，如果一位销售人员心里只有自己的奖金，他怎么会思考如何带给客户更多价值呢？又怎么有勇气去面对客户的刁难呢？又怎么会产生创新的办法呢？把目标定得高远一些，例如"让更多客户通过我提供的产品和服务而受益，实现客户效益的提升"，就会更有勇气去面对困难，即使遭受拒绝也要尽力想办法，想新办法。

稻盛和夫在《干法》中说自己"抱着产品睡"，当时京瓷接了个订单，却又不具备相应的技术能力，产品试制不断地出问题，使尽了各种办法后，稻盛和夫决定"抱着产品睡"，这听起来有些无厘头，却是他具备超强心力的表现，他认为"客户盛情难却，自己无意中说了'行，能做'，把任务应承了下来，就绝不能失信，无论如何必须把产品做出来"。于是，稻盛和夫通宵达旦地抱着研制的"水冷复式水管"并慢慢转动，一边用这种方式干燥，一边防止产品变形。工作时若缺乏"抱着自己的产品一起睡"那样的情感，就无法从心底感受到那种成功的欣

慰，特别是向新的、艰难的课题发起挑战并取得成功时。[⊖]

稻盛和夫一直致力于让京瓷成为行业的世界第一，这个高远的目标让他有着异于常人的心力。能树立高远目标并以此驱动行为的人，会更愿意参与到创新与变革之中，在组织中发挥出难以替代的作用。

最后，还必须坚守良好的品格。一个人在做正确的事、做对组织和社会有益的事时，能够获得反哺的力量，而在做违反道德、法律以及伤害组织利益的事时，即使获得私利，也会让心力受到损害。

我曾经历过一件事并从中得到了深刻启发：团队成员的品格是多么重要！

我们的一位老客户突然中断了合作，没有任何理由，和我们也不再有任何联系，无论我们托谁去引荐都不见。直到几年后我们才有了契机与客户碰面，向他了解到底是什么原因，客户略微犹豫之后给我们讲了一个故事：

客户公司当时立项了一个大项目，我们在当地分公司的总经理邀请他一起去某城市考察，这其实就是维护客户关系的方式。他们在逛特色商场的时候，分总刻意跟他提起公司费用管控严格，说自己购物从来没报销过一分钱。其实客户并不是贪小便宜的人，但他们分头买东西的时候，客户看到分总买了一大堆东西后去服务台开发票，从此，就不想与这个人有任何来往，而我们不知道这个情况，业务被耽误好几年。

为了避免误会，我们让财务查了账，结果客户的判断没错，这个发

⊖ 稻盛和夫. 干法 [M]. 曹岫云，译. 北京：机械工业出版社，2015：46.

票居然是以客户名义报销的。这位分总就是心力不够的人，总做一些违规的事，业绩逐年下滑是不可避免的。

反观另外一位分总，他是服务工程师出身，经常主动去客户现场发现问题、听取客户意见并改进，遇到难突破的客户则费尽心力去打动他们，甚至对那些拒绝他好几次的客户依然非常热情，因为他认为不用我们的产品和服务是客户的遗憾。这样的人就像一个小太阳，不断做出让客户惊喜的事情，结果，越来越多的客户，甚至竞争对手也愿意与他交朋友。

拥有较高的心力水平的人，总有一股内在的力量在推动着自身不断进行工作创新，这样的人值得被企业组织发现并重用。

案例：创新业务的困境

一家年收入数亿元的设备贸易公司，其老板总是觉得心里不踏实，经常跟股东说未来一定要做业务创新。他看到很多企业是从贸易开始，然后通过实业来推出自己的品牌后做大做强的。他认为自己也可以，如果通过现有的渠道网络再加上自己的产品，那利润会比现在的贸易模式高许多。

终于，"机会"来了，他了解到一家变频器制造厂业绩不好，有位大股东要退出，他以极低的价格获得了工厂的控股权。他信心满满地号召全公司开展"创新业务"，替换掉了原来代理很多年的产品，把整个公司的销售网络都发动起来推广自家产品。结果第一年亏损1600万元，第二年亏损超过3000万元，正常经营的贸易业务也陷入了危机。

其实，他只看到了表面的逻辑：有了长期稳定的客户，推广自己的产品就能获得更多盈利。把这个作为新模式成功的关键假设，就陷入了片面逻辑，他没看到的因素还有很多，例如客户虽然合作多年，关系很好，但是因为信任之前代理的大厂品牌，现在是否敢"冒险"采用这家公司的自制产品呢？

"在良好的客户关系基础上推出自有产品"的想法并没错，只是关键假设太片面，在没有系统考量并做准备的情况下就大规模开展起来，导致损失巨大。

做法小结

（1）本质性创新并非传统的创意式的创新方法，而是让职场人能够在工作中做出更大价值的思维框架和自我修炼方法，它的前提包括三方面的能力：对工作保持高度的责任心、验证新想法的关键假设、较高的心力水平。

（2）在本质性创新能力训练的四个步骤里，最为关键的是要能认识到过去对工作价值思考的不足以及目标的"平庸"，对工作结果进行重新定义，会激发出对当前工作的创新想法。

（3）创新的方法、工具数之不尽，但在工作中能够具备真正的创新能力，核心在于做到三个方面：对工作保持高度的责任心、对新想法进行关键假设验证、提高心力水平。

做法 7：应用创新力公式——人人可以创新

关于什么是创新力，这段话会给出答案："知识是已知的东西，人们学习各类知识的过程只是同样内容在不同人记忆中的复制，并不会增加人们的潜力。我们需要的是用知识来使人们产生创新力，因为创新力才能增加我们的潜力。知识是一种手段，而创新是最终目的，因为创新力使我们的大脑不断思考，以迎接解决问题的新挑战，并拓展思路。"⊖富有创造性会让我们受益终身，正如《创造性思维：问题处理与科学决策》的作者托马斯·L.萨蒂所讲："我们的命运越来越多地决定于意识和创新力。"

多数职场人没有接受过创新力训练，人们通常认为牛顿被从树上落下的苹果砸到，灵光一闪发现了万有引力定律。实际上，在牛顿那个年代，他在剑桥大学最好的科研机构里接受了系统而严谨的科学训练，被看作灵光一闪的发现实际上是大量思考和创新实验的结果。

具有创新力的人往往是训练有素的，这些训练会让人避免受到过度专业化的影响。

问题发现

人们一方面不认为自己的工作可以创新，另一方面则缺乏创新的系

⊖　萨蒂.创造性思维：问题处理与科学决策 [M].石勇，李兴森，译.北京：机械工业出版社，2016：6.

统训练，甚至连最需要创新的研发部门都大多陷入固化的流程工作中，所以在职场中能将创新融入工作的人并不多，人们一般表现为：

- 缺乏创新的动力，认为日常工作不需要创新；

- 缺乏创新思维方法，用头脑风暴来讨论碰撞是最多的选择；

- 无法持续创新；

- 即使问题重复出现，也仍然用过去的方法来处理，缺乏创新意识；

- 认为创新是高学历人士、专家的专长；

- 认为创新是一件很大的事情，以至于不知从何开始；

…………

事实上，创新力存在于每个人身上，能否在工作中找到创新的机会，取决于你能否意识到问题的存在，觉得工作中"一切都好"或者低追求的人，是不会在头脑中激发出创新念头的。

做法解读：利用创新力公式输出创新

创新并不是所谓专门的"创新人才"才能应用的能力，而是每个人都可以掌握的，创新力可以帮助我们不断寻求更好的解决方案，直到没有更好的解决方案为止。

本书提出了创新力公式（见图 7-1），它包括三个核心部分：**动机组合、创新方法、创新过程**，三者之间以"乘"的关系构建起创新力，缺一不可。

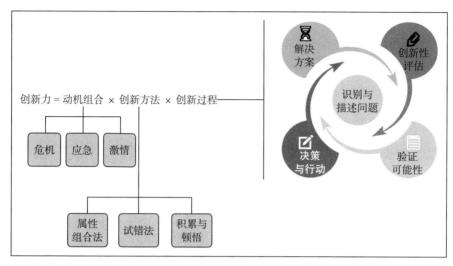

图 7-1 创新力公式

创新力公式会告诉你，不要再把学历、经验、专业能力等因素作为无法创新的理由了，只要你掌握这个框架，你也能创新。

动机组合

个人动机会影响创新力的表达。贝多芬意识到自己很快要失聪时，他没有放弃，而是通过动态地、持续地与自己进行情感沟通，创造了一系列伟大的作品，如《英雄交响曲》《G 大调第四钢琴协奏曲》《欢乐颂》等。⊖有三种对创新力促进有突出作用的动机，分别是危机、应急和激情。

1）危机

创新力的激发需要人们乐于接受新的想法，但没有危机出现时，人们往往在潜意识里把新的想法当作冒险，只有危机来临时，人们意识到

⊖ 萨蒂.创造性思维：问题处理与科学决策 [M]. 石勇，李兴森，译 . 北京：机械工业出版社，2016：9.

过去习惯的方法无法解决问题，大脑才会高速运转起来，"疯狂"地建立神经元之间的连接，促进多种方案的产生。

尝试着给自己适当的危机感，危机感是指认识到已经发生或预见到将要发生的问题、困难，并感到紧迫和担心的一种忧患意识。危机感同时也是进取心的源泉，是成长发展的重要动力，一个人如果没有危机感，就会变得安于现状。

危机感自评表（见表7-1）可以帮助你产生一定的危机感，请在表7-1的"评估"这列中填入"是"或者"否"，如果回答"是"超过五项，就意味着你的职业发展中隐藏着危机了。

表 7-1 危机感自评表

序号	问题	评估
1	你所处行业的竞争在不断加剧	
2	猎头在过去的两年里没有联系你	
3	你所掌握的工作技能在行业里并不稀缺	
4	你的工作成果在过去的一年里没有受到过公开表彰	
5	公司提出更高的战略目标，你并不觉得和自己有较大关系	
6	你近两年的工作绩效没有在团队里排名前 20%	
7	公司很少提供新的学习机会给你	
8	如果你请假一个月，工作不会出现大的问题	
9	目前的工作基本上靠经验就能处理，不需要什么创新	
10	工作中的大部分时间都在处理各种重复出现的问题	

2）应急

应急需要的出现可能会激发创新力，⊖此时人们的思考速度会猛增。

⊖ 萨蒂．创造性思维：问题处理与科学决策 [M]．石勇，李兴森，译．北京：机械工业出版社，2016：9.

新闻里报道过一个在应急情况下创新的好案例，某省有几年出现严重干旱，一开始每天由消防车为山上居民运水，但时间长了实在是耗费巨大，怎么能缓解居民用水问题又减少输送频次呢？消防官兵用塑料薄膜做成长长的密闭袋子铺在田地里，消防车去一次把水灌满就能支撑好多天，最终低成本解决了问题（有了时间和人力的缓冲，再钻水井就彻底解决了问题）。

人们拥有在关键时刻被激发出令人惊叹的创新行为的能力。

3）激情

当人们对工作产生激情时，兴奋的状态会带来创新力的大幅提升，反之，缺乏工作激情的时候，创新力也会消失。

例如，如果产品研发人员对研发没有激情，没有强烈的愿望去通过自己开发的产品来帮助客户提升他们的生活和工作体验，就不会用心了解客户的使用场景和困难、麻烦，反而会在"遥远"的后端按照自己的假设来"开发新产品"，这种"新产品"很难有真正的创新。

当然，能激发创新力的动机肯定不止以上三种，多数情况下，激发创新力并不是靠单一动机的刺激，而是各种动机的组合。

创新方法

职场人有必要掌握一些创新方法，它们会帮助人们跳出固化的思维框架，促进创新的产生。本书介绍三种方法：属性组合法、试错法、积累与顿悟。

1）属性组合法

属性组合法是指将现有不同产品的多个属性组合在一起（甚至是随机组合），形成全新的产品，属性组合让原来的产品产生了新功能。瑞士军刀就是典型案例，各种各样的工具组合在一起，鼎鼎大名的瑞士军刀诞生了。

本章练习中有一道谜语题，读者可以试试能否用属性组合法来获得答案。

2）试错法

试错法是一种传统的创新方法，就像做选择填空题一样，无法确定正确答案的时候就不断地代入去试错，由于人们不知道满意的"解"所在的位置，在找到该"解"或较满意的"解"之前，往往要扑空多次、试错多次。试错的次数取决于人的知识水平和经验。

查尔斯·固特异发明硫化橡胶的方法是典型的试错法，他在着手改进救生圈的充气阀门时得知需要改善橡胶性能才能成功。他用试错法开始了实验，身边所有的东西，如盐、辣椒、糖、沙子、蓖麻油甚至菜汤，他都一一掺进橡胶里去做试验。他认为如此下去把世界上的东西都尝试一遍，总能碰到成功的组合。直到有一天，当他用酸性蒸汽来加工橡胶的时候，发现橡胶性能得到了很大的改善，此后他又做了许多次"无谓"的尝试，最终发现加热是使橡胶完全硬化的条件之一，硫化橡胶就被发明出来了。[○]

○ 马洁.机器人技术创新导论[M].北京：清华大学出版社，2023：63.

创新要打破常规思维的限制，甚至要具备"想他人不敢想"的勇气，因此不要害怕失败，正如埃隆·马斯克所说："如果事情没有失败，那就是你的创新还不够。"只有大量付出，在失败中总结经验与教训，才有可能产生一个优秀的、富有想象力的创新成果。

3）积累与顿悟

著名数学家亨利·庞加莱曾这样描述在创新工作中的发现："只有经过长期工作后的那一瞬间，惊人的灵感和富有爆发性的思想才会像闪光一样出现在他的脑海，这就是积累与顿悟带来的创新。"

我们经常听到科学家、发明家在无意识中做出伟大发现的故事，例如许多研究人员尝试无数办法都无法提出满意的 DNA 结构描述，但在 1953 年，詹姆斯·沃森和弗朗西斯·克里克合作研究 DNA 结构的期间，詹姆斯·沃森做了一个梦，梦到两条蛇缠在一起跳舞。DNA 也是这样以两条纠缠在一起的链条形式存在的，他们称之为双螺旋结构。

实际上这是他们高强度研究和极致投入后的创新结果，这没有规律可循，但可以确定的是，很多高价值的创新和发现都是在长期专注的投入后出现的。

创新过程

掌握一定的创新方法后，需要借助创新过程来实施创新，这个过程由五个部分构成：识别与描述问题、解决方案、创新性评估、验证可能性、决策与行动，如图 7-1 所示。

1）识别与描述问题

创新思考是感知困难、处理问题的过程，即对需要改善和改变之处提出假设。第一步是识别问题并描述清楚，识别问题并不简单，某个人眼里的问题，换个人可能就觉察不到，而有些问题是如此微妙，以至于直到它们发展到有威胁的地步才会被发觉。

2）解决方案

提出解决方案务必做到"不要急于马上出手"，正如泰德·卡兹比在《超越元认知：五大认知缺陷及应对策略》一书中提到的："人类大脑同时拥有两个系统：第一系统主要负责无意识思维——大部分动物都拥有这一功能，这也是人类下意识本能的基础构成；第二系统是后来才形成的系统，主要负责有意识思维——是人类主动思考的根本所在。因为第一系统总是急于做判断、下结论，导致我们很少能问出真正有用的问题——真正的问题往往与我们最初的直觉相悖，需要我们挖掘出真正的依据。"⊖着急提出的方案往往就是第一系统运作的结果，不具备创新性，也不能真正解决问题。

可以把节奏放慢一些，回想过去是否遇到过类似问题，以前的解决方案是否还有效，其他人是否有解决类似问题的经验，然后再着手制订解决方案。世界上没有完美的解决方案，一个方面的改进也可能会带来其他方面的麻烦，因此在制订解决方案时要意识到存在"副作用"并提

⊖ 卡兹比.超越元认知：五大认知缺陷及应对策略 [M].陈晓颖，译.北京：中译出版社，2022：30.

前做好准备，实际上这个准备也是解决方案的一部分。

3）创新性评估

如果"惰性"地使用过去的方案，就失去了探索新颖方案的机会，即使对于常规的工作，也应该有意识地进行创新性评估以获得创新机会。

创新性评估分为两个阶段，一是创新方案制订后的评估，二是创新方案应用后的评估，主要是从方法、工具以及分析角度等方面去评估创新程度。

4）验证可能性

创新还是空想？它们的重要区别就是"可能性"，对实施创新解决方案的可能性进行验证，可以采取试点、试用等方式来判断解决方案是否有用、有价值。

5）决策与行动

这是创新过程的最后一步，对创新方案进行决策并实施解决方案。如果取得了满足预期的成果则创新过程结束；如果彻底失败（说明前面的步骤有所疏漏，导致无法改进和修正）也同样结束创新过程，重新开展新一轮的创新过程；如果未达预期，但还可以继续改进，则需重新识别和定义问题。

案例：属性组合法开发新产品

我在辅导企业进行新产品开发时，经常利用需求组合模型（见图7-2），帮助多家企业源源不断开发出受市场欢迎的新产品。

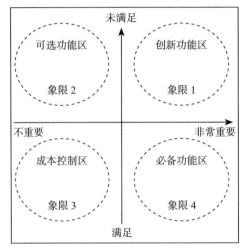

图 7-2　产品开发的需求组合模型

　　任何一种新产品或服务都是为了解决客户的需求，可以通过调研获得目标客户的需求并对其进行评估，评估的两个维度是"重要性"和"满足性"，前者指需求对客户价值的重要程度，后者指市场上相关产品对需求的满足程度。对每个需求的这两个维度进行量化评分后，就可以构建出象限图并利用属性组合法来进行分析。

　　象限 1 是重要且未被满足的需求，创新产品必然包含这类需求；象限 2 是不重要但未被满足的需求，是产品功能开发的可选项；象限 3 是不重要且已被满足的需求，如果产品包含这类需求，只会增加成本；象限 4 是重要且已被满足的需求，新产品如果没有包含此类需求，会被认为不合格。

　　新产品功能就是象限 1、2、4 中需求的各种组合，并尽量避免纳入象限 3 的需求，这个需求组合模型就是典型的属性组合法的应用。

做法小结

（1）适当地对职业危机有感知，是有利于激发创新力的。如果没有要摆脱危机的紧迫感，或者缺乏实现重要目标所需的压力，则难以激发创造思维。

（2）创新力公式是一套帮助职场人系统进行工作创新的模式，在三个维度（动机组合、创新方法、创新过程）的共同作用下，每个人都可以进行创新。

（3）创新过程是一套有着过程循环的工作法，某个环节的疏忽可能带来创新的失败，但这不要紧，创新本就不是一件轻松的事情，它需要不断地训练才会产生。

（4）为了更好地利用创新力公式，你还需要觉察一些能激发创新力量的内在因素，包括：乐于接受新的想法、拥有好奇心、具备独立思考的能力、敢于尝试和冒险、珍惜头脑中的灵感冲动。

本章小结

（1）创新自然是难的，因为人们更愿意停留在熟悉的范畴内，把熟悉的事情做得更加熟练，但也正因如此，有创新工作能力的人会拥有更高的职场价值。

（2）本质性创新是通过改变认知和做法来让工作成果更具价值的方

法，它是基于对工作保持高度的责任心而产生的。

（3）任何一个创新想法都需要经过验证才能发挥效力，这需要以事实为基础以及对创新成功的关键假设进行系统考量。

（4）注意保护和提高你的心力水平，才能敢于挑战，避免创新半途而废。

（5）每个人都可以创新，但这三者缺一不可：动机组合、创新方法、创新过程。

（6）危机感是指认识到已经发生或者预见到要发生的问题、困难，并感到紧迫和担心的一种忧患意识，危机感同时也是进取心的源泉。

本章练习

练习1：帮助杀手逃脱

一个杀手在左下角的房间里开始行动，如图7-3所示，每个方格代表一个房间，图中的缺口是可以进出任意相邻房间的门，除了杀手和守卫所在的房间，其余每个房间都有一个犯人，杀手要进到每个房间中将犯人和守卫都杀死，才能逃脱。

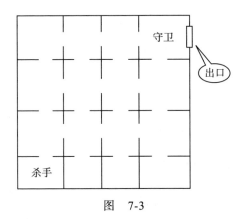

图 7-3

监狱的出口在守卫的房间里，杀手不能回到他杀过人的房间，因为他一看到尸体就会晕倒。请思考，他是怎么逃脱的？（参考答案见附录。）

练习2：用属性组合法来猜谜语

请根据"一只乌龟掉进水里"这句话，猜一种花的名字。（参考答案见附录。）

练习3：对常规工作进行创新思考

使用表7-2，列出你熟悉的常规工作，对其进行创新方向的思考，包括但不限于：更低成本的做法、更省力的做法、新的技巧或技能、更高产值的做法……

表　7-2

常规工作	创新方向及做法

如果在上表中填入了创新方向及做法，你还需要考虑这些创新会面临哪些困难，并做出应对困难的行动计划。

第 8 章

P 型工作法：成为组织里最会解决问题的人

由于外部环境快速变化带来各种不确定性，现在的企业组织更需要能真正解决问题的人，正如著名出版家阿尔伯特·哈伯德曾说："每个雇主总是在不断地寻找能够助自己一臂之力的人，同时也在抛弃那些不起作用的人。"问题解决者侧重于将心智用到主动寻找问题及解决方案上，他们在解决问题的过程中不断提升思考能力、掌握工作细节、吸收各种新知识，问题在他们手里变得清晰，也更容易被解决。

问题解决者有三个特征：主动发现，主动行动，不断创造新的价值。问题解决者，是组织里"最值钱"的身份。

记得在 2003 年的非典时期，餐饮企业面临生存危机，海底捞也不例外，正当一筹莫展之际，一位店长向公司建议：既然客户不能上门来吃火锅，为什么我们不能为客户送上门呢？公司采纳了这个建议并开创了送火锅上门业务，这位挽救了公司业务的店长，就是具备问题意识的人才。

问题意识并不是挑毛病，而是对现状不满而寻求积极向前做法的想法。具备问题意识的人，能够随着企业发展去主动思考如何改变，与企业发展同频。

但是，人们容易陷入误解："解决问题的高手是天生的，有的人生来就有这个天赋，而有的人却没有，这是一种天生的创造能力。"事实上，解决问题的能力是缜密思考和擅用方法的产物，是正常人都可以获得的能力。

除了"天生论"，人们还习惯于将问题未能解决归咎于能力不足。

我在培训时提问："谁能够抱着一块重达 120 斤的石头，不依赖任何外部工具，从一楼爬楼梯到五楼，并且中途不休息？"

几乎所有的学员都表示不可能做到。

我接着问："你们都觉得石头太重了，不可能做到，但如果不是抱石头，而是换成结婚当天必须要抱新娘子上楼呢？你会说自己做不到吗？"

大家笑了起来，纷纷表态绝对可以做到，即使新娘子再重一些也可以！

为什么原先以为事情不可能做到呢？原因在于两点：

第一，思维固化。一说到石头，多数人脑海中就出现一个巨大的球状物，120 斤的石头哪里抱得动啊？但石头还可以有很多形状，例如条状，这样很多人都可以搬得动。第二，缺乏解决问题的动力。为什么要抱石头爬上五楼啊？人们的大脑对解决这个问题没有积极性，深入思考的闸门关上了，第一反应就是做不到！而换作结婚当天要抱新娘子，就立刻表现得动力十足了。

最重要的是，你要相信问题一定能解决！除了必要的能力，更需要责任心和动力。

做法8：明晰问题——让80%的问题得到解决

即使感知到了问题的存在，如果没有把它们清晰地定义出来就急于行动，没有明晰问题本身到底是什么，问题往往也难以得到妥善的解决。问题就像乱麻一样堆积在脑海中，复杂到让人无法"迈出步伐"去整理，还会给工作状态和效能拖后腿。

明晰问题，是最重要的问题解决技巧之一。

- 约翰·杜威："明确地将问题指出，就等于解决问题的一半。"
- 爱因斯坦："精确地陈述问题比解决问题还来得重要。"

问题发现

没有接受过P型工作法训练的职场人，往往在模糊的问题上浪费时间和精力，他们常这样描述问题："配合度不够""积极性不高""资源不足""研发效果不好"……实际上，这些并不是问题的定义，更像是主观感受，以至于让人无从下手。

当问题缺乏清晰的定义时，会出现以下情况：

- 每天都在解决问题，但 80% 的问题都在重复出现；
- 不同的人对问题的理解千差万别，无法获得其他人的合力支持；
- 采取的解决方法无效，例如，针对"员工积极性不佳"这种模糊的问题，"增加团队活动"的方案并不能真正解决问题；
- 问题始终没有明显改善，让人逐渐失去继续解决的动力。

笼统而主观的问题描述，不仅会削弱人们解决问题的信心，还难以在团队中达成共识，如果你连问题是什么都定义不清楚，又怎么能获得他人的支持呢？

做法解读：通过结构化方法，真正把问题搞清楚

用案例来开启思考：如果你是一个意粉调料厂家的决策者，你会如何处理以下案例中遇到的情况？

意粉调料厂家对家庭主妇使用意粉调料的态度进行了调研，多数主妇表示"我会购买使用现成的意粉调料，因为这样更方便，可以节约我的时间"，这是令厂家满意的回答——这说明有足够多的市场需求。在调研中还发现消费者有个特殊的行为，她们在使用购买的调料时，80% 的人会剁一些洋葱碎末放到调料里，作为决策者，这个发现让你感到兴奋。

相信你会有这样的想法：为了让客户更方便和满意，应该在配方里加入更多比例的洋葱，并且在宣传时强调比竞争对手产品的洋葱含量更高！

那么先按照你的想法去行动吧，再次调研客户使用升级后的调料包时的情况，结果发现，即使她们知道增加了洋葱，还是会继续加入洋葱！这说明了什么？你的脑海中是不是闪现出"我们加得还不够多"的想法？

如果继续提升洋葱比例，增加的成本并不能带来销量的提升，因为客户加洋葱行为的真正原因在于，在使用购买的配料时，她们会因为使用速成产品而对家人有愧疚心理，加洋葱是在自我暗示"这是我动手做的"！

厂家真正要做的，是让消费者相信料包的口感和自制料包的口感相同甚至更优，不会受到家人的质疑："今天的调料味道怎么不一样？"，解决问题的办法当然不是继续加洋葱。

问题没有搞清楚就行动，必然会造成资源、精力的浪费，甚至会导致更大的失败。明晰问题是为了解决问题，这一步需要掌握三个关键知识点，分别是三种问题及解决要点、结构化定义问题、对问题进行优先级设定。

问题的三种类型

对问题进行分类有利于理解问题并找到对策，本书建议要掌握三种问题，分别是发生型问题、设定型问题、将来型问题。

1）发生型问题

发生型问题指当前确实存在的问题，由于不符合某项标准而造成，是已经显现的问题。例如，出现故障、数字不吻合、出错、出现异常状况等。

发生型问题的解决要点如下：

● 认识问题和分析原因特别重要；

● 对原因的寻找要充分，切忌遗漏；

● 将找到的原因按重要性、紧急性、趋势性进行排序；

● 识别根本原因并针对提出措施。

例如，某公司出现了骨干员工流失的情况，人力资源负责人将招聘作为解决办法，这实际上没有解决"流失"的问题，只有了解骨干员工流失的核心原因并针对性地进行管理优化，才能避免问题再次发生。

意识到问题是发生型问题并将注意力放到寻找根本原因上来，就能尽量避免按照惯性行动、治标不治本的情况。

2）设定型问题

设定型问题指问题现在还未发生，但若提高标准或选择更高层次的对象来比较，原本正常的做法或结果就会出现问题。例如，"与业内的平均水准相比""怎样满足较挑剔客户的要求""进一步提高利润率"等。

设定型问题的解决要点如下：

● 识别问题和制定对策特别重要；

● 多考虑更为理想的状态，设定较高的目标值；

● 考虑对策的适用性，切忌脱离实际。

从解决发生型问题升级到解决设定型问题，这意味着通过提出更高的要求来发现隐藏问题。寻找设定型问题能让人摆脱范式的束缚，也可以理解为脱离舒适圈，这会让你对组织产生更大的贡献，但要注意不能脱离实际和吹毛求疵。

例如，你是某设备厂家的项目经理，虽然目前的客户反馈、项目交付都正常，但竞争对手有了一些新动作，比如提供买方融资服务、免费的设备巡检、专人顾问服务等，而你的公司还侧重在客户关系和实施能力上，没有意识到服务创新不足可能带来的客户流失问题，于是你对建设创新服务体系做出了提案，这就比其他认为一切"正常"的人更具有职场价值。

3）将来型问题

将来型问题指现在虽然尚未发生，但是随着趋势变化和时间推移，将来可能会发生的问题，是潜在的问题。

将来型问题的解决要点如下：

- 分析预测能力特别重要；
- 关注成为业务对象的人或物，洞察在未来会有什么变化；
- 对现状在将来有什么变化要有所预判。

识别将来型问题是职场价值更上一层的表现，一般来说，高层人士或行业精英对将来型问题更为重视，他们始终关注未来的变化和趋势，对不确定性充满兴趣。普通职场人如果能有意识地对将来型问题进行思考也大有裨益，例如，思考：随着业务的发展，公司对自己的岗位要求会有什么变化？随着自动化系统的普及，现有的核心技能会不会被替代？公司的战略是区域拓展，是否应该去拓展新市场来获得提升机会……这些思考会让你提前做好准备，能更好地应对可能出现的冲击或机会。

结构化定义问题

当现状与标准或预期的状态有差异时，问题就出现了，如图 8-1 所示，一边是事情的标准和期望，另一边是事情的现状，它们之间的差异就是问题。

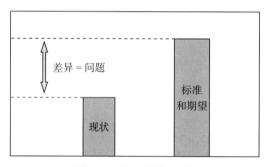

图 8-1　差异就是问题

合格的问题定义有四点标准：

- 问题定义要量化；

- 问题定义不要涉及原因；

- 问题定义不要涉及解决方案；

- 问题定义要简单明了。

按照这四点标准，"客户满意度不高""员工积极性不高""竞争对手降价导致我们销量下跌""要加强客户拜访来提升业绩"这样的描述都是不合格的问题定义。

"客户满意指标在过去 12 个月由 89 分降至 81 分"就是一个合格的问题定义，当然，问题定义的"量化"并非只能用数据，主要是不要出现有歧义的描述，例如"目前公司没有建立新产品上市流程"，这也属于量化的描述。

问题定义里不要出现表达主观感受的词语，"质量水平越来越低"这样的问题定义只会带来推诿和争议，你需要关注事实是什么，然后按照问题定义标准来优化。例如，将问题改为"收货质量的投诉这个月发生了 15 起，比上个月多了 10 起"，是不是感觉就不一样了呢？问题定义并不难，它是帮助我们摆脱情绪和矛盾扩大化的方法，把注意力聚焦到问题本身，并用问题指导下一步的行动方向。

结构化方法能帮助我们做出符合标准的问题定义，你可以先按照自己过去的习惯来写出问题，再将它放入下面的五个模块中：

- 标准（期望值或者工作标准是什么）；
- 现状（实际的表现或状况如何）；
- 差距（问题表现与期望值或标准的差距）；
- 影响（如果再不解决这个问题，会有什么负面影响）；
- 理由（这个问题是否值得解决）。

例如，某质检主管的问题定义如下。

标准： 对不合格产品无漏检现象。

现状： 平均每批次有 5% 的不合格产品未被检测出来。

差异： 比标准多了 5% 的漏检率。

影响： ①直接影响经济效益，每年损失成本 24 万元；②间接影响包括客户投诉及索赔金额增加、返工的人机成本及物料损耗、客户流失等，远远高于 24 万元的直接影响。

理由： 降低不必要的成本损失，提高对客户的信誉度，保障公司效益。

想要把存在已久的问题放入结构并不容易，因为过去只是停留在问题的表象上而没有深入去了解。当你能够按照结构化的方法写出问题定义时，就已经进入问题分析和解决的过程中，将思维聚焦问题本身，看到问题的真实表现及影响，才会有助于坚定解决问题的决心，推动解决问题的行动。

对问题进行优先级设定

明晰问题不仅是指问题定义，还指在面对诸多问题时能清晰地设定优先级，知道什么问题该优先解决，因为不是什么问题都需要立刻解决。如图 8-2 所示，你需要"剪去"那些不必要的问题，才能将精力用到值得解决的问题上。

"重要性"和"紧急性"的组合常被用于时间管理，在此基础上增加"趋势性"用于评估问题的优先级，用量化评估的方式比文字描述更容易评出优先级。

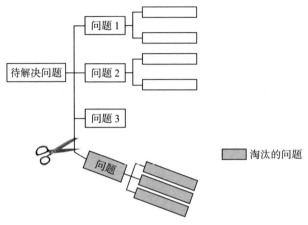

图 8-2 对问题进行选择

- 重要性：与其他问题相比，这个问题有多重要？

- 紧急性：是否要立刻解决？解决的最后期限是什么时候？

- 趋势性：如果不去处理，问题会怎么样？是否有恶化的趋势？

将希望解决的问题列入表 8-1 中，对每项因素进行 1 ～ 5 分的评分，然后将三项因素的评分相乘，分数高低则代表问题优先级的高低。

表 8-1 问题优先级评估

问题	重要性	紧急性	趋势性	总分

如果分数相同，或对问题难以取舍，则可以结合三项原则来辅助优先级判定：

原则 1，许多问题虽然看起来同样重要，但必须进行优先级排序；

原则 2，有些问题虽然不比别的问题重要，但必须尽快处理，这要求明确各个问题的时间要求；

原则 3，所有的排序都应以事实信息，而不是主观看法为依据。

案例 1：人才是真正能解决问题的人

我认识一位奶茶店老板，他的店铺在一个新开业商场的大门口，但商圈还不成熟，奶茶店的业绩就不好，不到半年，店长就因为收入原因辞职了。老板自己没有精力管理，只能让店员里一位比较踏实的小姑娘当代理店长，想着能不亏就行。没想到，她接手的第一个月，奶茶店的营业额就超过了历史最高纪录，老板很久没去店里了，决定去看看。

他惊讶地发现店铺规模扩大了，门外撑起太阳伞，摆了六副桌椅，还有个大屏电视正播放着热门的综艺节目，十多个年轻人正喝着奶茶，吃着鱼丸，看着节目并发出阵阵笑声，这也吸引了路人前来购买。他从来没想到过会有这番景象，小姑娘正带着两个店员忙碌着，老板发现，这一会儿的业绩都超过以往一整天了。

等打烊后他才询问是怎么回事，小姑娘生怕自己做错了，小声说道："老板，我擅自做了一些事，但因为没有发生费用，就没打扰你。"老板很好奇，小姑娘接着说："白天人很少，但晚上来这儿散步的人并不少。所以我白天就做三件事，一是把外卖订单做好，给客户附带手绘感谢卡，也跟骑手搞好关系，他们送货品时细心一点儿，客户好评就多。二是培养新店员，之前除了我，另外两个人还不太熟练，白天客户少就让他们练手，现在他们也都熟练了。三就是咱门口有好大一块空地，隔壁几个店和我们没有竞争，一家是蛋糕店，一家是卖手机的，还有一家是卖玩具的，我们就一起向物业申请晚上使用这块空地，可能现在人气不够，物业答应了。卖手机的那家店提供电视，我们其他几家店出桌椅，咱们店里刚好有剩余的几套，我就拿来用了。老板你别怪我自作主张，最近我们几个店晚上的业绩都还不错。"

看到小姑娘惴惴不安的样子，老板觉得真是捡到宝了，在自己也不知道怎么提升业绩的情况下，居然是这个临危受命的小姑娘把生意做得热火朝天。

具备责任心是成为问题解决者的前提条件，它能让人在工作中保持良好的精神状态。从奶茶店案例中可以看出，临时担任店长的小姑娘是优秀的问题解决者，她有着高度的责任心，没有以"这不是我的职责""老板没要求我这样做"等借口置身事外，而是尽心寻找提升店铺业绩的方法，最终也得到了良好的回报。

案例 2：明晰问题，避免错误方向的无用功

多年前我在担任一家非处方药企业的顾问时，第一次参加的会议是关于一款老年人补钙产品上市效果不佳的问题分析会，渠道、促销政策等都准备得非常充分，产品销量却远远未达预期。高管和销售管理者们之前讨论数次，列出了数十个原因，但仍然不确定下一步该如何行动。

　　我对这个产品还不了解，问道："上市一个月以来，进店的消费者是如何接触产品的？是否有一些我们不知道的因素？"销售总监接过话："胡老师，我们在这个行业摸爬滚打了二十多年，我就是从区域做起来的，基本上所有的问题都列出来了，没什么细节值得再去挖。"

　　那为什么问题没有解决呢？我并不认可他的说法，这个时候分管业务的副总经理站起来，用坚定的语气说道："胡老师，那我们第一站就从市场开始吧，一起去市场看一看到底怎么回事。"

　　当时我感受到了一种力量，潜意识里觉得他这个举动会让我们找到真正的答案，可其他人还带着一副"根本没必要"的表情。后来，我们走进一个重点区域的连锁药房时，通过观察进门客户的行为找到了答案，并迅速采取措施挽救了这个新上市的产品。

　　店里的导购人员其实做得很到位，当老年顾客进店时，导购人员都会介绍这个补钙产品，不少人会拿起产品看看，整个下午我们至少看到了近百位顾客拿起产品，但基本没超过5秒就放下了。问题似乎出在客户拿起产品的一瞬间，到底是什么情况呢？坐在办公室里肯定想不出来，我们立刻请调研公司进行模拟购买的场景调研，也出现了客户看一眼产品就失去兴趣的情况，这引起了我们的极大关注。继而我们对客户进行深度访谈后发现，问题出在公司自认为做得很好的包装图案上，以银色为主色调来突出补钙和骨健康的概念，盒子正面是一幅大大的白色腿骨图，但老年人潜意识里不愿意看到白色骨头这样的图案，银色也让他们感觉不太好。

　　公司迅速调整了设计，把图案改为有肌肉组织的腿部图，主色调也改为富有活力的橙色。新包装的产品铺货后，销量得到了显著提升，现在已经成为该企业的主力产品之一。

做法小结

（1）当你对一个问题感到麻烦时，一定是方法不对，这个时候应该冷静下来审视问题到底是什么，把主观感受先放到一边，用结构化的问题定义来明晰问题。

（2）有的人之所以只能抱怨问题而无法解决问题，就是因为没有明确的标准和期望，不会去思考如果问题不发生是什么样子，也没有弄清楚现状如何，于是无从下手。例如要解决"跨部门配合不佳"这样的问题，就应该思考：自己想要的良好配合是什么样？现状是指其他部门人员总缺席会议，还是对协作需求不响应？搞清楚这些，去改变导致产生"配合不佳"感受的具体事实，问题才能最终得到解决，否则就会一直停留在感觉中。

（3）对问题的明晰，不仅包括问题定义，还包括对问题的类型以及优先级的明确，这是解决问题的开始。

做法9：画一张图——获得上级对问题解决的支持

在组织中"不可替代"的人，从不抱怨缺乏支持，总是为解决问题而尽可能地去获得决策者的共识及资源支持。尤其是复杂的问题，大多会涉及多个部门的协作，以及向上级申请相关资源，如果能得到上级的认同，对工作的开展会极其有利。

问题发现

对于你认为重要的问题、需要得到支持的问题，上级不一定会有同样的理解。经常出现这样的情况：

- 在汇报问题时，你极尽详细地讲专业过程和细节，而高层却不感兴趣；
- 你要解决的重要问题，高层并不认为重要，在资源上无法倾斜支持。

研发经理抱怨耗费两周时间完成的产品开发方案不被重视，报告里重点提到了产品规划，可是这份专业的报告却当天就被总经理退了回来，研发经理觉得这样的情况可能是总经理要为难自己。

后来才了解到，公司的产品研发和前端市场脱节，市场人员抱怨产品力不行，而研发则吐槽市场能力不行，投入了不少产品都没有取得好的效果，总经理要求研发部门建立与市场部门之间的协同机制，指示研发人员要走进市场去接触客户。但总经理看到方案时，随手翻了一下，看到的都是过去的产品思维套路，完全解决不了问题。

也许方案里有很多高价值的内容，但不能怪总经理没仔细看完整个方案，他是总经理而不是研发专家，高层人员只会关注他们想要关心的地方，其他的都和他们无关，不能满足他们的关注所需，就难以获得他们的认同和资源。

做法解读：利用一张图进行结构化问题分析

一般而言，高层的关注点主要在战略、经营目标、人员安全、客户感受等方面。向高层求助解决问题所需的资源和政策时，必须要知道对方关心什么，让对方明白问题是否得到解决会影响到他所关注的方面，这是获得高层认同和支持的关键技巧。

用一张图（见图 8-3）来结构化地分析问题，可以帮助你构建更能获得上级支持的分析逻辑。

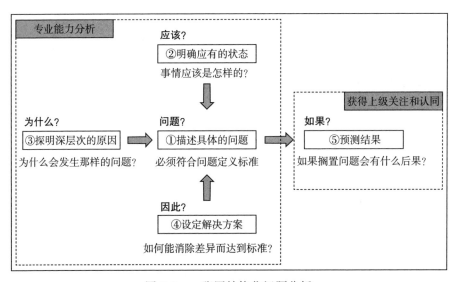

图 8-3　一张图结构化问题分析

这张图包括两个模块，共五个要点，第一个模块是解决问题需要的"专业能力分析"，包括步骤 1 到 4；第二个模块是"获得上级关注和认同"，是指步骤 5。

步骤 1：描述具体的问题。

首先要做的是清晰地把问题展现出来，把它放在图中心的位置是提醒你：聚焦问题本身。

步骤 2：明确应有的状态。

想要解决问题，就得反过来想想它为什么成为问题，应该是什么样子，这有助于探寻问题背后的原因。

例如，对于"员工积极性不高"这样模糊的问题定义，这个步骤就能帮助明确标准或期望，反向思考"积极性高"是什么样子，具体是如何表现的。

步骤 3：探明深层次的原因。

我们真正要解决的并不是问题，而是导致问题产生的原因！人们遇到问题的第一反应往往是立刻解决，但如果没有追根究底的精神，很可能就像换根"保险丝"一样草草了事，问题的真正原因被隐藏起来，往往再次出现问题。

问题解决者善于防止问题再次发生，他们将注意力集中在挖掘根本原因上，并兼顾应急方案和长期根治方案，避免"头痛医头、脚痛医脚"。

步骤 4：设定解决方案。

对于复杂问题、重要问题，需要设定两类解决方案。

暂时解决方案：快速控制问题的应急方法，让问题不要变得更严重。

根本解决方案：为了避免问题再次发生而针对根本原因的解决方法。

这一步骤的失败率很高，通常要注意以下因素：

● 未能引起上级重视，上级没有给予足够的资源或权限；

● 多数解决方案仅针对"暂时解决"而未能针对根本原因进行处理；

● 解决问题的行动计划没能有效分工，导致相关人员参与不足。

步骤 5：预测结果。

前面 4 个步骤都是站在问题发现者的角度来进行分析的，是一个完整的问题分析过程，如果资源足够则可以执行以上 4 个步骤解决问题，但如果资源不足且需要向上级求助，则还需要完成步骤 5。

这是获得关键决策者（资源掌控者）支持的做法：将思维转换到对方的立场上考虑问题，并将问题的影响与对方的关注点关联起来，解释问题搁置会对对方造成什么影响，从而使其重视该问题的解决。

并不是每次解决问题时都要画这样一幅图，而是应该将这 5 个步骤的逻辑印刻在脑中，自己分析问题应该要做到前 4 步，与上级沟通则应该实施第 5 步。

案例：用一张图分析问题，获得决策者的认可

案例背景：一位人力经理抱怨总经理不支持她的工作，她新提交的

方案包括双通道发展计划、薪酬制度、管理层培训等，总经理却不感兴趣。我问她为何要做这些方案，她认为公司人员流失严重，从人力角度做这些工作会有效改变现状。而她的总经理其实并非不讲理的领导，于是我们用"一张图"的结构来分析问题，重塑思路。

步骤1：描述具体的问题。

通过下列问答，人力经理对问题的描述从模糊到明晰。

问：什么员工在流失？

答：骨干员工流失率比较高。

问：可否再明确一些，是所有的骨干员工，还是某个部门？流失率是多少？

答：是业务部门的骨干员工（共60名），在上半年出现了20%的流失。

问：对骨干员工有准确的定义吗？

答：有，就是在公司工作两年以上，每年业绩超过三百万元的业务人员。

经过这番问答后发现，人们总是把具体问题"藏"起来，他们一开始认为问题已经足够清楚了，实际上这严重影响了解决问题的效率。将本步骤的结果放入分析图的中心位置。

步骤2：明确应有的状态。

问：你对骨干业务人员稳定性的期望如何？流失率多少是可以接受的？

答：当然希望一个都不要流失，但全年来说，5%以内是可以接受的。

问：那就是说以现在的骨干人员基数，流失3个人以内可以接受。

于是，我们完成第二个步骤，并且回到步骤1那里补充，"共流失12人，比期望多流失9人"。

步骤3：探明深层次的原因。

我们的对话继续。

问：你认为骨干业务人员流失的主要原因有哪些？

答：有三个方面的原因：①由于扁平化管理，员工看不到上升的空间，担任团队管理者的机会太少；②薪酬体系陈旧，不同业绩水平的销售人员底薪差别很小，竞争对手用翻倍的底薪挖走了不少人，其实他们提成比例更低，总收入还不如我们；③各业务部门的经理擅长业务，却不懂管理，总是用"压指标、催数据"的方法，上下级矛盾不少。这些问题积累已久，最近几个竞争对手来挖人就更暴露和放大了这些问题。

人力经理分析得很专业，可总经理不是培训、薪酬设计等方面的专家，他认为业务不能等，没人就赶紧招人。不管怎样，我们先把原因放入分析图中。

步骤4：设定解决方案。

人力经理之前提交的方案的确是有针对性的，包括设计双通道发展计划、制定新的薪酬制度、对业务管理者进行培训等，将这些方案对应放入分析图中。她初步估计要70万元左右的投入预算，但没有得到总经理的重视和批准，又怎么能启动呢？

步骤5：预测结果。

我建议人力经理转换思维，从总经理的角度来看解决问题的意义。

问：这些骨干人员流失，会带来什么损失？

答：很多，包括过去的培养成本、业务流失等。

问：能否把这些损失量化？总经理不喜欢听道理，他关心效益。

答：的确，没有算账就不会理解人才流失的严重性。显性损失有三项：①他们会带走业务，我们做过测算，他们平均带走自己30%的业绩，也就是将近100万元，这只是我们监测到的数据，12名骨干就可能带走1200万元的营收，按未来三年算就高达3600万元；②开发这些客户的前期费用也等于送给了竞争对手，按一年营收的20%来计，240万元拓展费用也白费了；③销售骨干的平均培养成本在每人5万元左右（不含薪酬），共计约60万元打了水漂。隐形损失其实更大，包括影响团队氛围、影响客户感受，甚至会影响其他人员后续也发生离职，如果再流失十来个人，这些成本都会翻倍。

不算不知道，一算吓一跳，如果通过招聘来弥补流失人员的空缺，实际上只是缓解而非解决问题，何况新人成为骨干的转化率并不高，还需要投入更多的时间和成本。

这时我们完成了一张图的问题分析，如图8-4所示，人力经理也知道了与总经理从什么角度沟通才能获得总经理的重视并与其达成一致。

前面四个步骤都是站在人力角度的分析，"后果"才是总经理重视的，只有当他觉得要避免遭受如此重大的损失时，才可能考虑人力经理的方案。

后来，人力经理的方案也没有在一年内全部实施，但总经理同意了先更改薪酬制度，薪酬根据每年业绩浮动并拉开差距，以后再做培训和落实双通道制度，虽然没有一次性全部实施，但也成功推进了问题的解决，更有意义的是，总经理感受到人力工作和公司业务息息相关，重新审视了人力经理的价值。

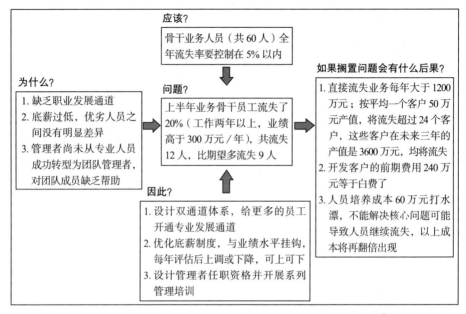

图 8-4　业务骨干流失问题分析图

做法小结

（1）未能成为优秀的解决问题者，往往并非由于专业能力不足，而是什么问题都独自解决，缺乏让上级重视问题的技巧。

（2）对问题进行结构化分析，并不需要每次都画出来一张图，是分析问题并与相关人员沟通的逻辑框架，尤其是在引发资源掌控者对问题的共识上，能发挥重要作用。

（3）对于复杂的问题，获得共识和支持是解决的关键，多数问题都是因为缺乏共识和支持而成为顽疾，如果你能推动问题解决，自然就能凸显与众不同的价值。

本章小结

（1）问题解决能力是职业经理人必备的能力，它的提升可以带来许多收益：

- 避免小错误变成大错误；

- 即使未达到期望，也能使人在不断改善中成长；

- 培养直面困难的勇气；

- 行动建立信心；

- 使人更善于寻找解决问题的途径；

- 能最大限度地开发自己的潜力。

（2）解决问题的能力培养远远不止本章所介绍的两种做法，还包括问题意识、问题发现、问题原因寻找、策略与计划提出、问题解决跟进、经验总结等多个方面。

（3）很多时候不是问题太难，而是你看待问题的角度不对！会解决问题的人，总是能得到机会的青睐。

本章练习

练习1：个人头脑风暴找问题

请用15分钟时间将自己工作或生活中的问题罗列出来，然后用做法8的结构化方法将问题定义放入表8-2中，评估出应该优先解决的3个问题。

表 8-2

问题	重要性	紧急性	趋势性	总分
1.				
2.				
3.				
4.				
5.				

练习2：挑战设定型问题和将来型问题

请根据自己的工作现状来寻找3个设定型问题：

_____

_____

写出自己可能会遇到的1～3个将来型问题，思考：该如何提前应对？

_____

_____

练习3：沙漠生存

请根据以下情景（并非真实情况）来完成任务。

一架飞机在非洲沙漠中发生意外，你和其他生还者面临生死存亡的选择。事发在上午10点，飞机紧急着陆。着陆时，机长和副机长意外身亡，余下你和一群人很幸运，没有受伤。

出事前，机长无法通知任何人飞机的位置，不过仪器显示已经飞了300公里。着陆的地方气温45摄氏度左右，除仙人掌外，全是荒芜的沙漠，地势平坦。每个人穿着简便：短袖 T 恤、长裤、短袜和皮鞋。大家还带着一些硬币和纸币，有几位男士身上带着香烟和打火机。（参考答案见附录。）

你和其他幸存者组成团队，要在图 8-5 中所列的 15 样物品中选择，只能选择三样物品留下来，并对这三样物品进行优先级排序。（优先级的考量：假如三样物品中，只能留一样，或者两样，该选什么。）

一把手枪（有 10 发子弹）	每人 4 公升清水	一份飞行路线图	每人一副太阳眼镜
一个降落伞（红黄相间）	一个指南针	一瓶食盐片	一个手电筒
一把大砍刀	一卷医疗薄纱布	一个化妆镜	每人一件塑料雨衣
4 公升伏特加酒	每人一件厚外套	一本书《沙漠可以食用的动物》	

图　8-5

第四篇

第Ⅲ阶跨越：构建内在能量体系

　　进入本篇的学习，意味着你的职场价值曲线发展之旅跨越到了第三个阶段——"构建内在能量体系"，这将有机会抵达价值高原。

　　如果你对价值增长有着更高的期待，就要意识到，仅靠价值型做法不能一直支撑价值曲线走高。职场竞争在方法上必然会同质化，看看是否存在以下一些情况。

- 感觉已经拼尽全力，但依旧成长缓慢。

- 不敢提出"令人惊讶"的目标，总是采取一种看起来"合理"的节奏。

- 缺乏挑战精神，只做自己擅长的事。

- 有太多的"常识"让你不敢迈出新的步伐，不敢挑战。

- 即使当前工作上游刃有余，仍然对未来感到迷茫。

- 每天处于透支状态，只顾得了眼前而无法考虑长远。

…………

即使你现在的职位和薪酬已经达到较高水平，出现上述这些情况时，也只有自己才清楚，职业发展已经陷入停滞状态。正如第一篇中"第三封信"的状况那样，意识到发展空间有限，怀疑自己是否在接下来的职业生涯里只能靠经验来换取收入，维持现有水平。其实，之所以不能像刚入职场时那样努力工作就能获得成长，是因为这种方式已经不足以支撑第三阶段的跨越。

可以问自己，是否有着强烈的愿望去探索未来？是否愿意主动自我革新以适应环境变化？如果回答不是很肯定，就说明你的内在能量有所不足，仍停留在过去成功的方式上。

只有构建良性循环的内在能量体系，才能对抗固化，产生能应对未来的能量，发挥高潜力去迎接更多可能性。这首先得搞明白两个概念：产出价值和产能价值。史蒂芬·柯维在《高效能人士的七个习惯》一书中，用鹅生金蛋的寓言故事说明了产出与产能平衡原则。

　　一个农夫无意间发现一只会生金蛋的鹅，不久便成了富翁。可是财富却使他变得更加贪婪、急躁，每天一个金蛋已经无法满足他，于是他异想天开地把鹅宰杀，想将鹅肚子里的金蛋全部取出。谁知打开一看，鹅肚子里并没有金蛋。鹅死了，再也生不出金蛋。⊖

如果只重视产出价值，就会急功近利，就像，"重金蛋而忽略鹅"，最终陷入"耗"和"熬"的状态，等意识到需要提升产能时，已为时晚矣；如果只埋头提升产能价值，却无法创造产出价值，就会遗憾英雄无用武之地。只有两者取得平衡，相得益彰，才能让职场价值的增长进入良性循环，如图 P4-1 所示。

图 P4-1　产出 / 产能价值与职场价值

　　⊖ 柯维.高效能人士的七个习惯：20 周年纪念版 [M].高新勇，王亦兵，葛雪蕾，译.北京：中国青年出版社，2010：54.

构建内在能量体系是提升产能价值的核心，如果没有良好的体系来支撑，能量就会不断耗散，内在能量体系的水平也决定了一个人的发展潜力。如图 P4-2 所示，内在能量体系的各个组成部分有着紧密的关联逻辑。

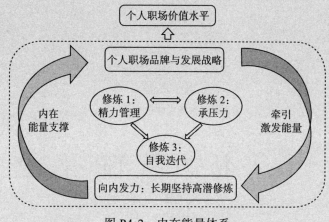

图 P4-2　内在能量体系

内在能量体系由两大模块相互支撑构成良性循环。

（1）向内发力的模块，包括精力管理、承压力、自我迭代。

《了凡四训》告诉我们，当对命运有所不满时，不应该去祈求外部的机遇或者抱怨上天的不公，而应该向内求，修炼自己的心态和能力，从而找到解决之法。要让职场价值曲线持续向上，就必须对这个观点进行实践。

（2）显性模块，包括个人职场品牌与发展战略。

作为自己职业生涯的经营者，我们应该意识到个人职场品牌和发展战略的重要性，它们共同体现了职场价值的质量，两者相辅相成。

建立良好的个人职场品牌，会带来职场价值的溢价效应，也就是说，企业愿意用高于你实际工作价值的"价格"来"购买"你的职业生涯时间，这意味着你具有更强的竞争力。个人职场品牌需要有清晰的个人战略，拥有个人战略的人是强大的，他们能不计较一时得失而着眼于长远的目标，每一天都朝着自己设定的战略目标前进。

需要提醒的是，这些修炼行为要长期坚持才会产生好的效果。

第 9 章
CHAPTER 9

精 力 管 理

构建内在能量体系时，向内发力的第一个关键基础就是精力管理。精力，出自《汉书·匡衡传》："父世农夫，至衡好学，家贫，庸作以供资用，尤精力过绝人。"精力指的是精神和体力，并且最终是要能够专心，能够对一件事施加全力。充沛的精力能支撑人在长期的职业生涯中保持高水准，富有创新能力，挑战各种困难。

正如亚里士多德所言，"思维的能量是生活的本质"，精力管理侧重于内在的修炼，它追求将事情做得更好、更专注，让人处在高效的状态中，而不是陷入追赶进度、不堪重负的状况。那些在各个领域做出非凡成就的人，无一不是精力管理的高手，他们总能游刃有余，在巨大压力下保持清晰的思维，始终有着高水准的工作效能。

相比精力管理，人们更熟悉时间管理。时间管理侧重于对时间的安排以及对单位时间内的事务管理。很多职场人在精疲力竭、有心无力时，还在不断做出更为精细的时间计划，其实这并不能帮助他们在工作中取得卓越成果。

看看你是否出现过以下情况。

- 想提升工作质量，却总感到有心无力。
- 知道什么事更重要，却似乎永远没有时间去做。
- 各方面的压力导致必须面面俱到，从而无法集中注意力。
- 身体健康水平下降，愈加没有精力。
- 面对海量的信息和问题，总是被动应付和处在紧急工作状态中。
- 总是在追赶进度，里程碑、甘特图成了逼人的"魔鬼"。

在这些情况下，人们对待工作的态度只能是做得"差不多"就行，这恰恰是影响职场价值的关键原因。要达到卓越的水平，就要投入足够的时间和精力到有价值的事务中，在面对日益复杂的工作时，始终有清醒的意识，谨慎思考问题："这件事值得投入吗？""这个决定和最终的目标是一致的吗？""团队成员是否真的理解了任务？"继而做出明智的、高价值的决定。

精力管理是"向内发力"的基础，它能保障大脑高速运转所需的能量，也能为"承压力"和"自我迭代"提供能量。

每个人都拥有"精力池子"，池子里精力的存量受输入量和输出量的影响，存量的多少决定了人们可以投入事务的精力。不用担心"精力池子"是否天生就因人而异，绝大多数人只需保持正常的作息和身体健康，即可以不断恢复精力，支撑正常生活和工作所需。但为什么有的人做事有成果、有创新，不管工作量多大，他们都神采奕奕；而有的人即使做那些没有挑战的常规工作，也无精打采呢？这是因为后者的精力出现问题，尤其是不懂得管理输出，从而导致存量不足。

我将精力的输出分为有效输出和无效输出，前者是指有意识地将精力投入到有价值的事项中并获得有价值的结果；后者则是在无意识状态下将精力不断耗散，导致存量不足，需要精力的时候却不够用了。

避免三个"无谓"的精力投入

要想减少精力耗散，就一定要避免那些"无谓"之事，韩愈在《杂诗四首》中写到，"虽蛙鸣无谓，阁阁只乱人"，意思是青蛙无意义地呱呱不休，扰人心神。很多人没有意识到"无谓"之事所带来的影响。试想，如果我们把一个人与外界的联系想象成身上散发出去的能量射线，你有多少条呢？精力不够的人身上总是与低价值的外界事物有着无数连接，这些连接导致散发的能量越多，越会加速精力存量的衰减。

"无谓"之事往往带有"高刺激性和低价值"的特点，例如网络游戏和娱乐视频，它们会刺激你的大脑，让其感到兴奋，却不会让你获得价值。习惯了刺激而忽略价值后，对于真正需要精力的高价值事情，如知识学习、深度思考、创新研究等，就无法做到专注投入，因为它们是

"低刺激性"的，不会让大脑感到兴奋。

我认为职场人的精力管理需要做到三个"少"：少做建议、少做无意义的事、少进行"消耗"社交。如此方能将精力保护好，用到该用的地方。

第一，少做建议。

说话是非常耗散精力的，说多了伤气，如果你的真诚建议不被他人重视，就成了无谓的话，说多了，既耗费精力又毫无意义。

我曾经反复提醒一位年轻助理要多学习，甚至把相关资料都分类打包送给她。但我发现每次苦口婆心地建议后，她都是表面答应，实际上却没有任何行动。因为希望她能承担一些更重要的工作，我的确耗费了不少精力培养她，还因她的停步不前而感到焦虑。

后来，我意识到自己的建议成了无谓的话，耗散了自己宝贵的精力，反复考量之下，我给自己定了一个规则：对他人的建议，绝不超过三次。

说第一遍是基于情谊，代表了作为上级的良好期望。听第一遍就有行动的人，是"响鼓不用重锤"的可造之才。

说第二遍是基于责任，代表了作为上级的应尽之责。听第二遍就能所改善的人，是能懂规矩的可用之人。

说第三遍是基于底线，代表了对不行动的不满，以及最后的督促。

听到第三遍有所行动的人，还要继续观察，也许还能有机会培养。

如果建议三次之后仍无任何行动的人，则应对其减少期待或不再花费太多精力。不仅在工作上，社交上也是如此。如果对方不重视你的建议，甚至因你多说几次而感到厌烦，那继续下去不仅浪费你的精力，还容易影响你的情绪。

第二，少做无意义的事。

承认自己的精力有限，才能避免做无意义的事。当然，是否有意义取决于一个人的思想格局和认知范畴。有人觉得对工作目标进行详细的讨论是有意义的，而有人却觉得赶紧行动才有意义；有人觉得空闲时间读读书是有意义的，而有人觉得排队买网红奶茶有意义……选择做何种有意义的事，关键在于我们想成为什么样的人，想拥有什么样的人生。

一位销售人员，每天不是在去拜访客户的路上，就是在打电话邀约客户，他很勤奋，但业绩就是上不去。有客户向他的上级投诉：来得太多了，打扰客户正常工作。看来，有的客户并不喜欢他的拜访。换个角度来看，"积极拜访客户"这个对销售人员有意义的行为对于客户却成了打扰。你要深入分析，客户要的到底是你的拜访，还是你提供的价值呢？这位销售将所有的客户看作都是相同的来介绍产品，殊不知客户的类型不同，需求也有所不同。

如果是交易型的客户，他们只会购买产品本身的价值，他们的聚焦点在于如何减少采购成本，跟他谈太多的公司理念、产品优势等并无意义。

如果是合作伙伴型客户，他们会借助供应商的品牌及渠道优势来提升自身的竞争力，他们希望供应商能够提供一些产品之外的附加价值，如果销售人员总是约客户出来应酬，就会被认为这是影响客户的工作。

如果是价值型客户，他们希望购买的产品能够带来增加值，具有超越产品本身的价值，例如某个包装材料能凸显品牌价值，如果销售人员在拜访时没有了解客户的需要，反而不停介绍产品的性价比有多高，当然会让客户觉得浪费时间。

如果没有对客户需求进行深度思考和以价值为导向来开展工作，就会误入"自认有意义"的陷阱，实则做得越多偏离目标越远。

第三，少进行"消耗"社交。

每个人都同时承担着多个社会角色，因而应该尽量减少无效社交。不少人因为不好意思拒绝而耗散精力和时间，最终只剩下自己疲惫不堪。精力有限，需要明白不同类型的人需要投入多少精力去交往，否则，与错误的人交往会削弱你的能量，甚至会让你被不好的能量所侵蚀。

有的人刚认识就宣称彼此是好朋友，与这种人交往会毫无益处。古人早就告诉我们，成为朋友的门槛很高："朋"是指有共同的价值观、志向、兴趣爱好等，"友"是指能经常在一起，两者兼顾方为朋友。

有一位各方面条件都不错的朋友，她的职业发展一直挺顺利的，但快要步入40岁的时候却变得情绪化、做事没有耐心、对家人和同事经常有诸多抱怨。原因在于她总是"很忙"，对各种"朋友"有求必应。

看看她的一个生活场景：

她的身体出了点儿小问题，早就约好在第二天做个微创手术，但前一天她接到一个数年不见、连名字都记不清的"熟人"的饭局邀约，立刻就答应下来，然后应酬到深夜，第二天再拖着疲倦的身体去医院。

其实她还有更重要的事情要做，可她留给自己的时间很少，总是因为见各种"无谓的人"而一拖再拖，上班忙，下班也忙，每天都在强打精神做事。要想保护好自己的精力就必须懂得，有些人可以不见，有些人不应该交，这并不是封闭自我，而是一个择群的行为。"物以类聚，人以群分"是亘古不变的道理，它提醒着我们要不断优化自己所处的"群"。

那些在各个领域表现卓越的人，虽然也有不可避免的应酬，但真正让他们用心经营的社交圈是能提供能量而非消耗人的，他们不管多忙都一定会给自己设定"孤独时间"。虽然叔本华对孤独的见解带有悲观主义色彩，但我认同孤独对职场发展的价值，叔本华的这段话值得反复品味："如果你拥有伟大的精神，你会发现，你会喜欢独处，因为你不再需要去寻找淹没你的人群，一个人在大自然的级别中所处的位置越高，那他就越孤独。"某种意义上来讲，经营自己就是要做取舍，这可能是痛苦的，却是有益的，但少有人能做到。

随着年龄的增长和责任的加重，职场人更应该学会保护自己的精力，避免无效耗散。少做建议、少做无意义的事、少进行"消耗"社交，这三点看起来像是在约束一个人的行为，但实际上有助于把握事情的度，识别身边的干扰项，避开杂七杂八的影响，从而有充足的能量去做更有价值的事。

人生就是这样，从一开始不断认识各种人、获得各种经历，到逐步精简社交活动、有选择性地结交朋友，这是不断凝练和提升三观的过程，是不断与有些人和事说再见、迎接新的人和事的过程。懂得了做减法，实际上能够给人生增加价值。

精力管理的五项实践原则

原则一：承认自己精力有限

必须认清的一个现实：精力有限，但工作无限多！这并不是推诿工作的说法，承认精力有限，才会尊重自己的精力。

精力管理，就是在做最重要的事情（Most Important Things，MIT），正如畅销书《少做一点不会死！》的作者李奥·巴伯塔所言："简单说到底就是两步，找出必要的，去掉剩下的。"有些事情是可以不必去做的，或者可以少花时间在上面。对大多数人来说，这至少代表了他们所花费时间的 10% ～ 15% 可以被节省，等于在一天的时间里，可以多出 45 分钟至 1 个小时用于更高价值的工作，试想，如果你每天在最重要的目标上多花一个小时，能额外收获多少。[注]

职场人需要清楚地知道自己的工作中，哪些与组织价值紧密相关。一定要弄清楚什么是推动自己和团队成功的关键。可能一开始会列出很

[注] 沃尔夫.专注力：化繁为简的惊人力量 [M].朱曼，译.北京：机械工业出版社，2023：47.

多项工作，但务必将其精减为 5 ～ 7 项最重要的工作。

那些职场表现不佳的人，总是会给上级这样一种印象："没有想法，没有清晰的思维。"这其实是他们没有围绕着 MIT 去努力的后果。虽然这些人看起来的确很忙，但往往忙得不在点子上，对组织而言，他们这样的精力投入就是低效的。

原则二：唯一性原则

观察公司里的同事或者路上的行人，你就会发现多数人由于"多任务处理"而陷入不太好的状态。他们在走路时发信息、查邮件、看视频，有的人跟他人一起走路或谈话时也是如此，这些都以"忙"为借口，成为一种普遍现象。持续地间断注意力是非常劳神低效的，人的心智同时处理多项任务的能力极其有限，这决定了我们做事时应当一心一意、专心致志。[⊖]

你埋头专注做事的时间有多少？管理好"埋头时间"是锻炼精力全力投入的有效方法。优秀的职场人一般不会同时处理很多事，他们特别专注，能够集中精力、全神贯注。

利用好闲暇时间也是一个好方法，我们无法避免被干扰，但总有一些时间是可以独处或者安静思考、专心做事的，例如在高铁上或飞机上、清晨早起时或睡前半小时等。我在多年进行"唯一性原则"的实践中受益匪浅，非常珍惜出差路上的学习和思考机会。少有其他干扰的时

⊖ 沃尔夫. 专注力：化繁为简的惊人力量 [M]. 朱曼，译. 北京：机械工业出版社，2023：14.

候，我能选择只做好一件事，而这也是收获最多的时候。

原则三：休息和锻炼反而能完成得更多

不良的生活方式（如持续的工作压力、不健康的饮食、缺乏睡眠及锻炼）会导致"疲劳综合征"，多数职场人总是处于"精疲力竭"的状态，缺少让大脑和身体恢复的时间。甚至还有人"骄傲"地认为这是敬业的表现："我们项目组昨晚开会到三点""周末我从来没休息过""哪有时间锻炼，从早到晚都在工作"。这种生活方式最终会让精力消失殆尽，大幅削弱大脑做出正确判断的能力。

更为严重的是，不少人因为长期处于疲惫和透支状态，导致自己直到生病才不得不停下来，发生"被动停摆"。我有个应对的小方法，叫作"主动停摆"。

在家里找一本书，套上一个橡皮筋，并且用一张记事贴写上自己的名字，贴在橡皮筋上，比作绷得紧紧的自己。每周将这个橡皮筋取下来，提醒自己该恢复精力了，需要"主动停摆"，停摆的时间自己定，即使只有一个小时的彻底放松和锻炼也行，然后再把橡皮筋套回去。

如果你真的在两个月后发现记录了八次停摆，那恭喜你，你开始习惯"主动停摆"了。但要是让橡皮筋一直紧紧绷在那里，那根橡皮筋的弹性会弱化，就像你的身体，需要小心随时可能出现的"被动停摆"。

适度休息和锻炼能够消除负面的能量，使人始终保持充沛的精力，不至于在忙碌的工作中焦头烂额。

原则四：受到目标的驱动

能够让人承受巨大压力，还能激发旺盛的精力去投入工作的，必然是让人充满内动力的目标，是因为想实现非凡成果的念头在驱动。

很多人都有过这样的感受：做自己认为有意义的事情时几乎不觉得累，而做不觉得有意义的事情时哪怕做一点儿都令人疲惫不堪。

可见，当你感到缺乏精力的时候，往往就是目标迷失的时候，不知道为什么工作，不知不觉精力就耗散出去了。没有令人信服的目标驱动，工作就会过度消耗我们的脑力，而有着强烈目标感的工作则可以将大脑中的深层次情感与明确意图和更大的目标联系起来，使它们达到同步。强大的目标会在你工作时产生巨大的能量和精力，使你每天都能圆满地完成重要角色的任务。[⊖]

原则五：保持工作的冗余度

"赶进度"在企业中已经成为"常态"，无论是领导者还是员工，都强调进度，强调最后期限，但很少有人意识到，这会导致人们处在永远赶工的恶性循环中，往往因为第一个截止期限赶得太紧，而使得有些风险都无法看见。如果需要付出巨大的努力才能赶上第一个日期，那么团队赶下一个日期时，就会精疲力竭、充满压力、十分沮丧，成功抵达下个截止日期的概率也会下降。[⊖]所以，我们应该尽力调整工作，保证有

⊖ 科歌昂，美林，林内.激发个人效能的五个选择 [M].纪沅坤，刘白玉，孙明玉，译.北京：中国青年出版社，2015：156.

⊜ Berkun.项目管理之美 [M].李桂杰，黄明军，译.北京：机械工业出版社，2009：294.

一定的冗余度，不要凡事都像绷紧的发条一样。

看到这样的建议，也许会觉得没有设身处地为你着想，因为你觉得自己每天的工作状态根本没法改变。这时你不妨问问自己：是否无论谁来做，都只能跟自己一样，没有任何可优化之处？答案当然是否定的。

赶工已经成为职场人的"常规能力"，习惯了被最后期限逼着行动，没有冗余度，从来不给自己歇口气的时间。没有时间整理思路，没有精力去做长远的考虑，也很难体会到工作的成就感。

即使通过赶进度完成了目标，但总在赶进度的状态下工作也会产生两个副作用。

（1）花费更多时间恢复能量。恢复能量的时间和赶工所花的时间比例不是 1：1，恢复所需的时间比赶工所花的时间长得多，正如你花 30 秒冲刺赶上高铁，却需要 3 分钟甚至更长的时间来让呼吸平稳下来。

（2）没有冗余度容易走偏方向。当疲倦到极致还要去赶进度时，最初的工作目标和意义容易发生偏差。

某连锁企业的 20 家新店建设的截止日期快到了，所有的人都在拼命赶工，没人有时间思考运营后的场景和需求，结果新店交付后出现了一堆问题，团队整天忙于应付投诉和应急处理。

最耗费精力的不是工作量，而是不好的工作节奏，要避免总是陷入"催逼赶"的状态，让自己保持"转身处理"的灵活度，这是精力管理的关键。

本章小结

（1）本来日常工作就已经够繁重了，但为了进一步的发展，你还得争取更大的挑战、承担更重要的职责，想做和能做的事情非常多，但这需要良好的精力管理才能得以实现。

（2）工作时间是有限的，事情则无限多，你应该思考如何将精力投入到 MIT 上以提高工作效能和价值。

（3）精力管理决定了你是否能抓住重要的机会，当我们将精力投入重要事情上，而且将它们很好地完成时，每天都会感到满足。

（4）减少对"高刺激性和低价值"事情的投入，它们只会取悦你的大脑并麻痹它，长此以往会让你面对有价值的事情时无法专注和深入思考。

（5）"没有人能彻底摆脱忙，但你可以富有精力"。这是职场人需要建立的认知，精力管理的五项实践原则是帮助你保持最佳状态的方法。

本章练习

练习 1：寻找不再继续的活动

承认事情无限多，而精力有限，在生活或工作中找出一两件可以不再继续的事情，为更重要的事情节约精力。

练习 2：设定日程中的 MIT

列出你接下来三天的工作安排，确定 MIT，然后逐项设定希望花费的时间，并在实际结束后评分。如果未能在计划时间内完成，则分析是什么原因造成的。

练习 3：将事情分类

拿出一张纸，分成两列，左边列出自己更愿意投入精力、有动力去做的事情，右边列出那些耗费你精力的事情。然后开始拟订计划，尽早完成左边的事情，尽量避免右边的事情。

练习 4：回顾最佳状态与计划

回顾自己是否有过工作的最佳状态，最佳状态是什么样子，有多久没有体验过最佳状态了，接下来如何通过休息和锻炼的计划来改善。

第 10 章

承 压 力

人们可能因为压力而产生负面情绪，使得内在能量发生"紊乱"，并导致其无法在关键时刻发挥应有的作用。我认为，对自己的角色有所理解，会有助于承压力的提升。每个人都由三种基本角色构成。

N 型角色：自然人（Natural Person），这是最本质的存在，只有在身体健康的状态下，自然人才有更强的化解压力的能力。

S 型角色：社会人（Social Person），任何一个人都会承担家庭、社会关系、企业组织等方面的角色，如，企业成员、父母、子女或朋友等，此类角色也会受到相应压力的影响，人们除了满足自己的需求，还要满足社会角色的需求，这些角色的压力会在很大程度上影响职场人的心理和工作状态。

P型角色：专业人（Professional Person），在工作环境中，人们必须承担相应的工作责任并解决相关问题，这也是压力的主要来源之一。

以上三种角色会相互影响并叠加压力，例如，家庭经济的压力会影响工作中的状态，高压力又带来高强度工作，疲于应对之下容易忽略身体健康，使整个人陷入压力造成的负面循环中。理解这三种角色，就会知道要提升承压力，让生活和工作进入良性循环，并不是从某个方面来解决的，而是要系统地经营好这三种角色。

有压力并不一定是坏事，关键看你如何应对，我给那些感到压力巨大的职场人如下建议："压力最大的莫过于进入人生低谷，感觉所有机会都离你而去之时，其实这可以是新的开始。经历过逆境中巨大压力的人会更坚定而有韧性。"

承压力并不仅指对压力的承受，还包含在经历逆境后能迅速恢复，并在脱离逆境的过程中变得强大的能力。具有承压力的人能够从经验中学习，当挑战来临时可以愈战愈勇。他们认为，与其抱怨时局之艰难，对可能出现的问题感到恐慌，不如将难题进行重构，使之变成对自己能力的考验。他们拥有应对任何挑战的信心和希望。[⊖]

为什么总败在临场发挥

职场中经常出现这样令人遗憾的情况：明明有能力、有实力，可就

⊖ 亨施 . 如何成为一个抗压的人 [M]. 李进林，译 . 北京：北京联合出版公司，2019：9.

是在一些关键的场合临场发挥失常，无法抓住好的机会。

一家企业正在举行基层主管的竞岗活动，各位候选人激情四溢地展示着自己的工作思路和成果，毕竟20个人竞聘3个主管职位，竞争非常激烈。结束后唯独小陈垂头丧气。上次竞聘失败后，经理又给他争取到了这次机会，可是评委们一提问，他的脑袋里就一片空白，连自己回答了什么都不知道。

其实大家都知道小陈平时工作表现不错，可是公司规定，主管岗位必须参加竞聘。如果竞聘表现不佳，即使破格提拔也难以服众。

明明有能力，却发挥不出来，的确让很多人头疼。

我在过去的20年里虽然做了上千场演讲，参与了无数重要会议，但直到现在，每次重要的课程和会议前还是会有一点儿紧张，但这种紧张是重视和认真的表现，它并不会导致脑袋空白或者语无伦次，反而更容易使我进入良好的状态。所以，不要把紧张作为临场发挥不佳的理由。

在与数十位曾有着在关键场合表现不佳经历的职场人进行访谈后，我发现他们有一些相似的情况："当时突然不知道说什么""突然忘了要说什么""说了一点儿后，忘了后面的"……有意思的是，一旦回到压力较小的场景中，这些消失的答案又会瞬间出现在他们的脑海中，让人后悔不已。因此，人们必须关注这样一个重点：如何在压力较大的场景中，有效组织大脑中的信息？

要知道，这些信息原本就在你的大脑中，而你要做的是，将它们有序地找出来，不论面临的压力是大是小。如果你能将信息组织到稳定的结构中，学会用图形来理解和表达信息，利用场景假设来提升应变能力，则会大幅减少压力带来的影响，从而自如地将自己的所知所想表达出来。

这当然是通过训练才能形成的能力，建议职场人进行以下两项训练，这并不难。

训练一：凡事分三点

这是一个看起来很简单的方法，只要你能长久坚持练习，就可以让你即使在高压下也能有清晰的思维。

凡事分三点最适合锻炼对信息进行分类和归纳，这种训练需要符合MECE（相互独立、完全穷尽）原则。怎么开始这个训练呢？很简单，你可以挑战在日常与人沟通时，不用提前思考，而刻意"逼迫"自己说出这样的话：

- "针对这个工作我想谈三点意见"。
- "我的建议分为以下三个方面"。
- "我把这个问题分为三种"。

…………

为什么是"逼迫"自己呢？因为你一旦当众说出了这样的话却讲不出三点，岂不是很丢脸？这时候大脑要快速运转，不断思考如何分类并归纳成三个方面，还不能有漏缺，如果让别人轻易地指出还有第四点就失败了。

这样的练习可以极大地帮助我们提升大脑中信息结构的稳定性，不至于在面对压力时找不到信息。不要着急追求能分成四点、五点，能做好分三点就极为不易了。长期练习下来，在应对问题、面对挑战、看待事物等方面，你的脑海中自然出现一个结构，即使它不是完美的，也会让人感觉到你的系统性和逻辑性。

训练二：场景化思考

很多人之所以临场表现不好，不是知识、技能和经验不足，而是一时间没想到会被提出这样或那样的问题，加上压力的因素，就被打了个措手不及。"场景化思考"是一种假设式训练，可以帮助我们提前进入场景中，预先感受并有所准备。

例如，你作为项目经理要在有高层参加的会议上进行汇报，为了在现场能有更好的表现，你需要在脑海中提前假设场景，对一些问题进行设定和思考，比如：

- 谁会关心项目的启动？他们会参与吗？期望值是什么？
- 高层可能会提出什么问题？他们会对哪些数据感兴趣？
- 如果他们听的时候毫无反应，也不提问，我该如何应对？
- 其他部门的负责人听到这个项目的反应会是怎样的？
- …………

在真正参与会议的时候，你已经在脑海中演示过无数遍了，虽然和实际可能还存在很大的差异，但你就像已经开过会议了一样，压力会降低许多。

多年以前，华为公司就让业务人员使用场景化思考来提升客户沟通质量。在拜访重要客户前，对提出每一个话题后客户可能的反应进行假设，并设计如何回应和做出下一步引导。这样，沟通话题就演化为拥有多种可能性分叉的逻辑树，客户 90% 以上的可能反应都在业务人员的预设中，沟通时就表现得很流畅且专业，这也是刚毕业不久的新员工都能在高层客户面前坦然沟通的主要原因。

场景化思考就是提前预设可能发生的情况，你可以轻轻闭上眼，想象可能出现的不同场景，将自己置身其中，用预设好的方法分别"演习"一番，这样下来，你就能更好地应对压力。

用情绪坐标图把心态拉回到正常状态

人们在面临压力时容易产生焦虑或做出错误决定，但问题一般出在自身，是我们的思想、欲望、情绪出现了问题。你需要保护自己，最有效的做法就是先让自己放慢速度，察觉存在于思想、情绪和感觉中的警报信号，调整大脑状态，避免做出不恰当的事。[⊖]

⊖ 麦格尼格尔.自控力：斯坦福大学最受欢迎心理学课程 [M].王岑卉，译.北京：文化发展出版社，2013：38-39.

情绪对人的影响很大，由于在职场中要与他人沟通和协作，情绪不仅影响个体还会影响团队，它需要合理地进行控制。情绪自控力就是化解不良情绪、客观面对压力的能力。

人是有自我调节机制的，但在压力中往往意识不到自己处在不正常的情绪中，调节机制就无法发挥作用。有两个关于情绪的假设。

- 假设 1，人都不希望自己的情绪剧烈波动，不希望自己处在负面的情绪中。
- 假设 2，如果能看到自己的情绪状态，就会自发地去纠偏并恢复到正常状态。当你看到自己处在负面情绪或者过于兴奋的情绪中时，自我调节机制就会介入并将其尽量拉回到正常状态。

我建议画一个情绪坐标图，把压力和情绪放到纸上让其可视化，就会有一种跳到框外看事物的感觉，可以促使你更为客观地看待情况和保持情绪稳定。心理学家詹姆斯·潘尼贝克在写作疗效的领域研究了 30 多年，他的研究印证了这一点：记录情绪能够提高个体生理和心理的健康水平。[⊖]

如图 10-1 所示，画出一个坐标，纵轴表示情绪指数，数值为 –3、–2、–1、0、1、2、3，分别表示愤怒、生气、郁闷、没感觉、还可以、心情好、很开心；横轴表示一天中刺激你产生情绪的事件，如加班、午休、上级沟通、下班、用餐、争论等。

⊖ 亨施.如何成为一个抗压的人 [M].李进林，译.北京：北京联合出版公司，2019：73.

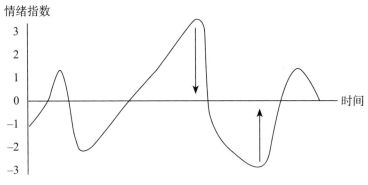

图 10-1　情绪坐标图

在纸上画出情绪坐标图后，有意识地观察自己一天中的情绪变化，凡是某件事情让自己发生情绪变化时，请在对应的情绪分数上做个标记，然后将这些标记用平滑曲线连接起来，就是你的情绪波动曲线。

如果你画出这幅图，发现自己的情绪都到谷底了，你还打算让它更糟糕吗？如果遇到一点儿事情就让自己高兴得忘乎所以，那你还会更兴奋吗？这张情绪坐标图会发挥调节作用：当你看到自己的情绪发生大幅波动时，就会不自觉地提醒自己往中间靠拢；当你看到自己的情绪指数一直处在负值时，就会想办法朝正值努力；当你看到自己的情绪是一条直线时，就会提醒自己是否没能觉察到一些值得高兴的事情；当你看到自己的情绪一直高涨时，就会提醒自己是否该冷静下来思考一下……我们应尽可能让情绪保持在比较平稳的状态。

看到自己的情绪状态时，自然就会知道如何去管理它，把情绪拉回到正常状态（一般来说，建议情绪指数值更多地处在 −1 ～ 2，减少极端值的出现），这是应对压力、管理情绪的好办法。

承受压力而保持平稳心态的五种做法

世界越来越复杂多变，即使是普通人，面临的也不再是简单的几项工作压力，而是一连串扑面而来的、把人紧紧包裹起来的压力。如果长时间处于压力状态下，身体就会不停地把能量转移到应对突发状况上，只要大脑不停地识别出外在威胁，人的身心就会始终处于高度紧张、冲动行事的状态，而集中注意力、权衡目标、缓解压力、克制欲望等这些脑力活动就得不到足够的能量支持，人就难以保持正常的心态。

愈加感到备受压力时，就愈要保持好心态，因为在心态崩掉的情况下，会控制不住一些并非本意的念头和做法。例如，遇到点儿小问题就变得歇斯底里，听不进别人的声音，此时自己的表达对其他人而言也可能是难以理解的，这对工作和生活都极为不利。

不少人长期处在巨大的工作压力之下又无法将压力在工作场合释放出来，实际上早已没有余力接受哪怕多一点点的要求，这时就容易将情绪转移到亲近的人身上，然后又会产生新的情绪伤害和压力，长此以往，无论生活还是工作都搞得一团糟。

这些情况来自在压力下的应激反应，它会让人按照本能行事，能量不会流入大脑，大脑缺乏能控制心态的能量，因此你也就无法做出明智的决定。[○]为了减少应激反应的影响，建议在高度压力下采取以下五项

○ 麦格尼格尔.自控力：斯坦福大学最受欢迎心理学课程 [M].王岑卉，译.北京：文化发展出版社，2013：51-54.

保持平稳心态的做法。

找到适合自己的压力释放方式

有的人在不堪重负时，会产生怒火并转移到他人身上，这是非常不好的做法。如果都这样，组织里岂不成了装满了一个个不断被火星点燃的火药桶？一个成熟的职场人不能全然不顾他人的感受而发泄自己的情绪，否则会带来更为严重的后果。

一定要找到适合自己且不影响他人、符合道德和法律规范的压力释放方式。以我自己为例，我的压力释放方式主要有两种：喝茶和锻炼。前者能静心，后者能放空。当你专注去做这样的事时，就把压力暂时放下了，并且在过程中将其逐渐耗散掉，让自己能够平静地应对挑战。

每一次泡茶时我都会很认真地选茶和准备工具，凝神静气地注水、倒茶、饮茶。喝茶的过程中其实一直在重复两个动作：拿起和放下。这两个动作也是在告诉自己，要拿起什么，又要放下什么。让心静下来，专注当下，仔细品味，哪怕就十分钟，也会给我减轻压力、调整情绪再开启工作的机会。

形成锻炼的习惯是令我最受益的事，在新冠疫情居家不出的期间，我每天早晚坚持做各种综合体能训练，如跳绳、卷腹、深蹲、俯卧撑、平板撑等，锻炼是给自己尽全力的机会，每次到了极限，积累的不快和压力都会随着呼吸、汗水而消失不见。

找到适合自己的压力释放方式，即使上一刻还有着焦躁的情绪，也可以很快平复下来，保持一定的心理平衡去迎接接踵而来的挑战。

看到自己的初心

当心态出问题的时候，最重要的是要找到初心。我觉得最好的办法就是把自己当初的想法写下来，在不堪承受压力的时候，把它找出来看一看，然后就会有一种力量。

我数次到企业担任高管，在别人眼里我好像不会遇到什么困难和烦心事。其实不然，糟心的事有很多，很多时候我都气得想即刻一走了之，但心里总有一个声音拉住我：你还没有做好，现在还不到走的时候。

然后，我会翻开记事本里之前写给自己的话："我来这里，不是为了跟任何人生气，不是为了跟任何人争夺什么，而是为了帮助企业和更多的人成功，尽力去做力所能及的事，因此我应该能面对所有的人。"

每当觉得自己没必要承受某些压力，想要放弃的时候，就翻出来看看，这是自己写的，要做到！读一遍下来情绪就会好很多。何必要计较有些问题呢？做好自己的事，对得起自己的目标，尽全力就足矣。这时压力就自然消去了一大半，然后再继续努力。

坚守专业

在工作压力较大的时候，要少去听那些无关紧要的信息，少去听负面的言论，少被无意义的事牵扯视线和精力，要清楚地知道自己应该做什么。这需要坚守专业立场，否则容易人云亦云。

一位 HR 经理很苦恼，最近在绩效考核这件事上收到了董事长和总经理截然不同的指令，本来工作压力就大，再受到高层的压力，她感觉自己都快要崩溃了。公司缺乏考核基础，董事长认为应该按季度考核，而总经理认为一定要按月度考核，她觉得两位领导之间的矛盾非要放到自己身上，自己太无辜了。她整天愁怎么协调双方意见，工作也搁置下来了。

我给她的建议是，站在人力的专业角度、结合公司实际情况来进行设计，不是一定要非此即彼，如果陷入他们的矛盾中，就会不知所措。其实这在人力角度是个很基础的设定，不同层级的考核周期本来就有区别，而董事长和总经理并不懂，只是意气之争，导致她被复杂的人际关系扰乱了。

她恍然大悟，她说："对啊，怎么这么简单的道理我就没想到，方案完全可以兼顾，我看两个领导意见不统一，就把自己搞崩溃了。我只需要提出人力的专业意见就好了，他们的矛盾不应该由我来协调，而是应该上会大家来讨论。"

当然，不是每项压力事件都能得到完美解决，也不是什么矛盾都能处理，但保持自己的专业立场，这会很有效地帮助你。

阅读好书能给人带来力量

多年以来我有个经验：当压力大到自己无法化解时，干脆什么也不管，找本好书来读，书会带给我力量。在书中，你会看到作者的精神世界，看到他们怎么处理问题，这时你能跳离自己的压力世界，用旁观者的眼光去触碰他人的经验，得到启发，最终找到自己的路。

新冠疫情期间，在我驻外又被要求足不出户的日子里，我很幸运随身带着稻盛和夫的《干法》，也许很多年轻人读不懂这本书，也没有兴趣，但当你扛不住压力的时候，对工作迷茫的时候，与人发生矛盾的时候，我建议你好好读读这本书，它会给你力量。

当时，独自在上海居家的我压力已经快大到极致了，加上工作上有不少烦心事，连喝茶和锻炼都已经没法消除压力了，我就开始读书。有意思的是，翻开的书里，很巧就有对应的提醒和帮助。

有一天我跟某位团队成员沟通许久，感觉他仍然没有领会我的意思，始终是按部就班的思维，令我很失望，加上居家产生的郁闷情绪，当时实在觉得糟糕透顶，但拿起书翻看的过程中这些情绪都消失了。下面这段话就像专门写给当时的我：

"不管是顺境也好，逆境也罢，不管自己处在何种际遇，都要抱着积极的心态朝前看，任何时候都要拼命工作，持续努力，这才是最重要的……即使你讨厌工作，但又不得不努力工作，那么在努力工作的过程中，你脆弱的心灵就会得到锤炼，你的人格就能得到提升，你就能抓住幸福人生的契机……拼命工作的背后隐藏着快乐和欢喜，正像漫漫长夜结束后，曙光就会到来一样。"⊖

看到这些充满人生智慧的文字，反思自己对待当下境遇的态度，就会觉得有些惭愧，于是我重新整理情绪，重新恢复能量。

⊖ 稻盛和夫. 干法 [M]. 曹岫云，译. 北京：机械工业出版社，2015：19-22.

我想，每个人都能从好书中得到力量，从而拥有在压力下前进的能力。

把压力当作修炼的磨盘

对职场人而言，压力是不可避免的，如果以上四种方式都还不能让你化解压力，那就选择重新定义"压力"，我始终认为，感知到压力就是找到了与自己的弱点做对抗的机会。

很多时候人们被压力驱使着，陷入不好的状态中，想要跳出来却找不到好的方法。

例如，一个人在工作上压力很大，导致他下班后对家人没有好的态度，他也能意识到这是不对的，每次控制不住地发完脾气就告诫自己，以后一定要注意情绪，注意态度。可是这样的告诫是没用的，之后坏情绪还是一次又一次地发生，导致自己和家人都身心俱疲，工作不顺心，家庭也不和睦。

其实他没有好好思考压力的来源。必须找到压力真正的来源，不要回避，要去分析和解决它们，即使不能解决，也要知道自己正在迁怒于家人，只有这样，才会更好地控制自己。

有时候，压力也会来自下属甚至不相关的人。好几次工作到深夜时，我已经疲倦到极致，下属还在不停地把发资料过来。我第一反应就是很生气，怎么这帮人毫无规矩，大晚上的还发一堆资料，让不让人活了？但转念一想，这表明他们需要我的帮助，他们不也是很晚了还在工作吗？他们如果在加班到深夜时又被人批评，一定会更难受吧。我反思自己要发火的情绪，并不是因为这封邮件，而是我白天的工作劳累导致的，或者是因为我没有跟他们讲清楚沟通的规则。其实这都是我的责任，我应该帮助他们，于是我开始琢磨怎么给予他们正面的反馈。

压力谁都有，只是各有不同，不要看到别人意气风发就觉得自己是个倒霉鬼，那些缺乏承压力而表现糟糕的人，总把当下的情况看作永久的困难。人生中难免有一时之间觉得过不去的坎，也有鲁迅先生笔下那种"艰于呼吸视听"的状态，但千万别让心态崩掉，变得不知道自己该做什么，不知道自己在做什么，找不到自己。

如果你致力于不断提升职场价值，那就把压力当作一个磨盘，不断地修炼自己。虽然过程中遭受碾压很痛苦，但最终你会成为一个更加强大的人。

不管多难，请务必提醒自己，风雨都会过去，你还有未来。

本章小结

（1）承压力并不能保证你取得高于他人的职场价值，也不能保证给你带来更高的职位和薪酬，但它会带给你人生中非常重要的东西：平稳的心态。

（2）对致力于不断提升职场价值的人来讲，需要系统地管理三个角色（N型、S型、P型），只有通过加强身体锻炼、学习情绪管理、提升解决专业问题的能力，才能让三个角色相互支撑，而不是相互增加压力。

（3）"凡事分三点"以及场景化思考，会让你在面临高度压力的职场环境中能做到游刃有余。

（4）承受压力而保持平稳心态的五种做法，可以帮助你减少应激反应，产生控制心态的能量，并做出正确的行动选择。

本章练习

练习1：凡事分三点

用思维导图做出要完成一个目标所需要的三个阶段／步骤／维度（不允许用"其他"这个词），需要符合 MECE 原则，检查合格后对每个阶段／步骤／维度再次进行三点划分，以此类推，要做到第三层。

练习2：绘制情绪坐标图

拿出一张白纸，按照本章所讲的情绪坐标图，有意识地记录自己一天的情绪变化，找出引发明显情绪变动时的状况，并尝试去调节情绪。

第 11 章

自 我 迭 代

每个人都是一套系统，如果没有能量的输入和输出，最终就会成为封闭的系统而走向熵死。"熵"这一概念源自物理学，热力学第二定律也称为熵增定律，它揭示了这样的道理：熵就是系统无序的程度，一个孤立系统的熵一定会随着时间的推移而达到最大值，世界上所有的系统最终都会走向熵死。1943 年，薛定谔在剑桥大学三一学院进行的"生命是什么"的主题演讲中提道："生命需要通过不断抵消其在生活中产生的正熵，使自己维持在一个稳定而低的熵的水平上，生命以负熵为生。"

避免熵死的最好办法就是持续自我迭代，不断输出新的能量，释放旧的能量。当你怎么努力都未能取得明显进步的时候，就是熵增加剧，提醒你需要自我迭代的时候了。

自我迭代意味着不断地进行自我批判和自我挑战，形成良性的能量循环，它是推动你靠近职场价值高原的一种自我管理机制。

打破"常识"的壁垒

自我迭代必须打破"常识"的壁垒，才能不断更新能量。虽然常识可以帮助人们快速判断事物，但如果过于固守常识，忽略环境的变化，就会对职场的发展产生负面影响，束缚人们的思想，弱化人们独立思考的能力，人们的头脑中就会设定出一些条条框框，正如本书第 3 章提到的自我设限。

常识的壁垒是可怕的，在没有新的认知和实践之前，人们都活在自我常识的世界里。这里有一个例子，慈禧第一次看见汽车时问："跑这么快要吃很多草吧？"这个问题以现在的常识来看很好笑，但慈禧也是基于她的常识来看待问题的。在嘲笑那些不再适用的常识时，我们应该思考：在职业发展中，我们又有多少次因为固守常识而失去提升职场价值的机会呢？

日本迅销集团（优衣库母公司）创始人柳井正在营业额只有 80 亿日元时就确立了"赶超 GAP，成为世界第一的服饰制造零售集团"的目标，提出这个目标时，周围的人都觉得柳井正是开玩笑的。最初的优衣库是在郊区开店获得成功的，而为了实现世界第一的目标，就必然要进入市中心开店，当时绝大多数人都认为此举必然失败，可柳井正认为，如果跟以前一样做进口产品，在市中心开店当然失败。要成功就必须打造自有品牌和产品，因此在品牌建设、产品开发、生产水平等方面都做了革新。

柳井正在《经营者养成笔记》中写道："妨碍公司成长、发展的最大敌人就是常识。当我们长久处于一个行业、一家公司、一项事业之中时，不知不觉就会把现有的状态当作常识。对那些所谓的常识，我们必须抱着怀疑的态度重新审视。一旦让常识支配了我们的心智，我们就会简单地认为：那是不可能的，那样的事我们是做不了的，那样做的话结果一定很糟糕，我们会被当作异类来看待……诸如此类的想法，使我们甚至丧失了行动的勇气。"⊖

突破"常识"的壁垒很难，当人们习惯用常识来行事时，他们都认为自己是对的，很难听进需要改变的声音，因为常识往往是由一系列观点相互交织、相互关联而形成的体系，就像一幅拼图，要改变可能就需要替换整个拼图。尤其是有相同常识的人聚在一起时，他们共同持有的观点就像每个人秉持的观点一样，拼合在一起，形成一个环环相扣、具有一致性和稳定性的观点体系。⊜

远离价值的常识都不再有效

有个经典案例，一位年轻的炮兵军官在上任后，到下属各部队视察

⊖ 柳井正.经营者养成笔记 [M].迅销集团，译.北京：机械工业出版社，2018：27.
⊜ 德威特.世界观：现代人必须要懂的科学哲学和科学史（原书第 2 版）[M].孙天，译.北京：机械工业出版社，2020：10.

士兵的训练情况。他发现多个部队都存在一个共同的情况：炮兵把大炮安装好后，各就各位，但总有一个士兵始终站在炮管下，纹丝不动，直到整场操练结束，这个士兵没有做任何事情。军官觉得很奇怪，询问他是干什么的，得到的回答是：操练条例就是这样规定的。军官回去查阅军事条例，发现该条例已经制定很多年，当时站在炮管下的士兵的任务是拉住马的缰绳。现在的大炮自动化和机械化程度很高，早就不再需要这样的角色了，但其他人都认为这是常识。

失效的常识不再紧盯价值，已经成为形式和束缚，自我迭代的目标就是推动职场价值的增长。要避免被无效常识限制，就要以价值为核心，审视现有做法是否有效而不是遵循"过去我们就这样做"的原则。

识别核心挑战

制定高远的目标很重要，高远的目标是无法依靠延续和强化现有做法来实现的具有挑战性和激励性的目标。哈罗德·悉尼·吉宁（Harold Sydney Geneen）所著《职业经理人笔记》一书中写道："从终点开始吧，因为只要你设定了终点，'为了获得成功而该做的那些事情'就变得一目了然。"

要实现目标，关键在于能识别出实现目标所需完成的核心挑战，它是目标实现途中的"拦路虎"，但又是实现目标的机会。意识到核心挑战的存在，能帮助我们从失效的常识中跳离出来。

核心挑战不会凭空出现在我们眼前，而是需要通过一系列的分析得出。

- 现状如何（当前的处境、能力储备及资源状况、启动条件等）？

- 差距是什么（对比现状和目标之间的差距）？

- 弥补差距的推动力和阻力分别是什么（这里核心挑战就出现了）？

- 为了获得推动力和消除阻力，需要做什么？

如果没有经过认真分析，就会把实现目标的过程变得"想当然"。只有准确地识别核心挑战，将精力和资源都投入到解决核心挑战上（如何获得推动力，如何消除阻力），而不是一味使用已有的技术、能力来面对未来，才能真正推进目标的实现。

笔者有一位很年轻就担任高管的朋友，他开玩笑说自己以前是个"打补丁"的，哪里需要就被派去哪里。分析他的发展过程，恰恰得益于克服了技术、能力更迭的核心挑战，他的专业是应用数学，却从供应链的基层岗位开始，后来还去做了业务、工程等领域，组织对他的评价是"适应力极强，掌握新领域的能力很强"。

其实，他的成功在于每次被调去从事陌生领域时，都能把过去的经验放下，重新识别需要完成的核心挑战，这促使他以"初学者"心态来学习工作所需的新技术和新能力，最后综合成了他在组织里不可替代的能力。

自我迭代 U 形图

人不可避免地受到熵增趋势的影响，若没有自我迭代输入新的能量，活力就会持续衰退。新的能量不会自然出现，我们需要跳出舒适区，直面自身能力在老化的事实，迎接新的挑战，甚至要放弃既得利益。这个过程是痛苦的，却能不断地激活自己，产生支撑职场价值曲线力量。

在新的能量的介入下，自我迭代会构成职场发展活力循环，如图 11-1 所示。

图 11-1　职场发展活力循环

大多数人一开始都是带着活力工作的，他们努力获得成果，但随着时间的推移，进步和收获不再像刚开始那样明显，熵增趋势开始显现，个体的自然走向就是贪婪、懒惰、安逸、享乐，缺乏使命感和责任感，[⊖] 也许你看到这些词语觉得很刺眼，但这就是普遍规律，只有做到了抵抗自己的人性的人，才能够持续向上发展。

利于自我迭代的两种方法

每天通过以下两种方法来要求自己，就能形成输出负熵力的个人发

⊖　丁伟，陈海燕，华为大学 . 熵减：华为活力之源 [M]. 北京：中信出版集团股份有限公司，2019：16.

展"动力泵"，避免活力下降、动力丧失。

朝抵抗力最大的路径走

"朝抵抗力最大的路径走"是朱光潜先生所著《谈修养》一书中的文章标题，读到它时如拨云见雾，这10个字也烙印在了我的脑海中，在我每天的工作中发挥着激发负熵力的作用。我不遗余力地在分享和交流中去传递这句话。在这句话的指导下，我们会知道作为人应该怎么做，尤其是在自我迭代的过程中遇到困难时，这句话会发挥巨大的指导作用，能避免暮气沉沉、心灰意懒、遇事因循苟且。请相信，你只需要在选择下一步行动时记得这句话，就会产生非凡的效应。

这句话无须过多解释，还是分享一下朱光潜先生所写："贪懒取巧都不会有大的成就，要有大成就，必定朝抵抗力最大的路径走……人之所以为人，就在能不为抵抗力所屈服……人生来是精神所附丽的物质，免不掉物质所常有的惰性。抵抗力最低的路径常是一种引诱，我们还可以说，凡是引诱所以能成为引诱，都因为它是抵抗力最低的路径，最能迎合人的惰性……举一个极简单的例子，在冬天的早晨，你睡在热被窝里很舒适，心里虽知道这应该是起床的时候而你总舍不得起来。你不起来，是顺着惰性，朝着抵抗力最低的路径走。被窝的暖和舒适，外面的空气寒冷，多躺一会儿的种种借口，对于起床的动作都是很大的抵抗力，使你觉得起床是一件天大的难事。但是你如果下一个决心，说非起来不可，一耸身你也就起来了……其实我们涉身处世，随时随地目前都横着两条路径，一是抵抗力最低的，二是抵抗力最大的……能朝抵抗力

最大的路径走，是人的特点。人在能尽量发挥这特点时，就足见出他有富裕的生活力。"[⊖]

每天至少选择一件你觉得应该做且有意义却又让自己觉得为难的事，鼓励自己坚定地去做，长此以往就能养成一种勇往直前、百折不挠的精神，身上也会充满新的力量，职场价值的提升就成为必然。

建立知识的连接

自我迭代是学习的过程，很多人虽然不停地"学习"，也投入了大量的时间和精力，却没有获得质的提升。学习其实并不简单，如果缺乏有效的方法，仅凭量的积累无法实现质变。

对于职场人而言，要重视将所学知识建立起连接。人在一生中能学习到的知识是非常有限的，如果对于输入的信息不能加以整理并建立连接，信息就始终是碎片化的，难以在需要时被唤醒和激活。

你是否遇到过这样的情况：遇到问题时，突然想不到好的解决方法，或者在陈述观点时突然想不起曾经读到过的某个概念，于是只能绕过它们，直至问题处理不当或别人提醒时才恍然大悟：我没想起来！

遇到问题时，大脑会对所需的"最佳"信息进行搜索，但面对无数散乱的信息，就像在沙滩上寻找一粒沙子，大脑容易陷入搜索困境。此外，大脑也会像人一样有畏难和嫌麻烦的时候，因此，它会退而选择沿用过去固有的方式。

⊖ 朱光潜.谈修养[M].南京：江苏人民出版社，2019：13-17.

现在，大多数职场人都有学习的好习惯，但要有意识地让新信息之间、新旧信息之间建立连接，它们才能成为有实际效用的知识。不同领域的信息之间也可以建立连接，这有利于提升理解和应用水平。举个简单的例子，如果你学习了"应激反应"这个概念，它是指各种紧张性刺激物（应激源）引起的个体非特异性反应，也可以将其关联到压力与情绪管理方面，想想上下级沟通中存在的问题，提醒自己避免过度应激，这就将所学应用到了实际场景中。

当一个新信息在某一类场景需求下与其他信息发生连接时，它就已经做好了为你所用的准备了，大脑很容易在该场景下激活一系列有连接的信息，减轻大脑搜索的负担。

自我迭代 U 形图解读

理解了"朝抵抗力最大的路径走"及知识需要连接之后，就具备了实施自我迭代的基础，用自我迭代 U 形图（见图 11-2）来将自我迭代的过程表示出来。

自我迭代 U 形图由左边部分（启动）、底部（突破）、右边部分（新的现状）这三个部分构成。左边部分包括三个要素：升维意识、识别问题和发展催化剂输入。底部包括两个要素：触碰边界、痛苦与跨越。右边部分包括三个要素：应用输出、巩固新边界、内啡肽效应。

一个人的自我迭代从升维意识开始，从左至右经历八个阶段。完成一次迭代后，再进行下一轮循环，持续迭代提升。

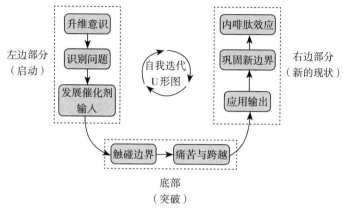

图 11-2　自我迭代 U 形图

U 形图左边部分：启动

面对问题时，人们往往首先利用现有的知识结构去解读，但如果要开启自我迭代，就得通过不同维度、站在更高维度去解读。正如邓宁—克鲁格效应（Dunning-Kruger effect）所揭示的认知偏差现象，能力欠缺的人在自身基础上得出自认为正确但其实错误的结论，无法正确认识到自身的不足，无法辨别错误行为。从"不知道自己不知道"到"知道自己不知道"，再到"知道自己知道"，最后到"不知道自己知道"，这就是意识升维的过程。

你觉得没问题的做法及有效的知识，到明天或许就不适用了。例如，从只盯着自己的岗位，到站在部门角度来看工作，再升维到从公司价值的高度来看待工作，不同层次的看法是截然不同的，这也是很多人自己认为做得还不错，在公司眼中却价值不高的原因之一。本书在第三篇里提到的三类问题，从发生型问题到设定型问题、将来型问题，正是意识升维后对问题的识别。

问题被识别出来并不等于能解决，如同许多发誓要减肥的人一样，他们已经感受到肥胖带来的不便，却少有人能坚持运动并取得好的结果。问题要得以解决，还需要"催化剂"的输入，个人发展的"催化剂"可能是他人的评价和期望、危机和重大机遇、与竞争者的比较、自己的价值观和追求等内外部因素。例如，有的人下决心减肥并不是为了远离疾病隐患，而仅仅是女朋友的一句话，如"你太胖了""你瘦一点更好"。一句话就会立刻让他们行动起来，这就是催化剂效应。

自我迭代 U 形图的左边部分是要找到"非行动不可的理由"，推动你到达 U 形图底部去突破，而不是停留在想法上。

U 形图底部：突破

在职场中可持续增长的终极秘诀就是不断突破自身固有的边界以适应瞬息万变的外部环境。这些边界包括能力边界、认知边界或者固有做法的边界，只有触碰这些边界才有机会跨越它并实现迭代。

努力进行职场跨越的目的，是希望进入更高的层次。本书中的三阶跨越，前面两阶的跨越都可以通过学习和努力实现，但第三阶的跨越是最难的，因为关键在于是否能触碰自己的边界并实现突破。我觉得，进化论并不只是告诉你物种的起源和进化，还让我们懂得，成为人并非就已达到最终状态，我们存在的主题之一就是不断地突破固有边界，这包括思想格局、知识、做法等。

突破固有边界就像破茧重生一样，必然经历与自我对抗的痛苦。如果你是一位企业负责人，要想企业发展得更好，就必然要流程化和规范化，这与过去初创期粗放的管理模式截然不同。企业负责人自己同样受到规范的约束，这必然带来极度的不适应，但如果你能以身作则并有着"削足适履"[⊖]的精神，必然会迎来跨越式发展。

U形图右边部分：新的现状

在突破固有边界之后，你将迎来职业发展的新阶段，在新的认知水平下应用新的方法，形成新的现状并暂时稳定下来。这个阶段里你处在U形图的右边部分，包括应用输出、巩固新边界和内啡肽效应。

举例来说，假如你是产品开发经理，在过去的职业生涯中，开发出了诸多受到市场欢迎的好产品，用专业和敬业获得了现在的职位以及团队的尊重。可是现今的市场已经不比以前，新产品的成功率难以预料，你只有对自己过去的工作思维、经验和工作方法进行迭代，才能保持自己的职场价值。

在以往的模式下，在产品上做一些功能、包装或材料的升级就能当作新产品投放市场，并且较容易取得好的业绩。如今市场同质化程度非常高，即使团队在办公室里想破脑袋，做出来的产品也难成爆款。你发现自己已经不清楚最能打动客户的是什么，这种状况必须改变，要从"行业专家"转变为"客户的理解者"。这会增加很多过去没有的"麻烦

⊖　此处"削足适履"并非贬义，而是形容敢于下决心改变自己去适应环境的要求。

事"，要去观察客户的应用场景，要做竞争对手分析，还要考虑其他领域技术的影响……但是，这些恰恰是在新的现状下应该做的事。

接下来，你需要不断地加强新方法的应用输出，将其变得跟以前习惯的做法那样熟悉，从而消除麻烦感。与此同时，新的边界开始建立并巩固起来。

这时，自我迭代的最关键结果出现了：内啡肽效应。内啡肽是一种人体内的补偿机制，在你长期坚持、承受痛苦、创新和突破极限时分泌出来，让人感受到达成目标后的成就感与快乐感。在经历自我突破的痛苦后，应用新能力成了"常态"，解决了过去不能解决的问题，这时就会激发内啡肽的分泌，让你体会到迭代的快乐。

作为高级产品开发经理，当对工作的认知从专业导向转变为由外而内的客户需求导向，几经努力下开发出了受市场欢迎的新产品时，就会巩固应用新观念、新方法的信心，并感受到成就感。更有价值的是，你打开了自己的思维，愿意接受更多新的事物，开始期待下一次的迭代，而不像以前那样担心改变。

正如爱因斯坦所言："工作最重要的动机是工作中的乐趣，工作所得到的成果的乐趣，以及对该成果的社会价值的认识。"⊖形成自我迭代的良性循环后，职场价值就得到了最大的支撑，会让人开始享受工作带来的乐趣，接近职场价值曲线的"价值高原"，跨越成为无惧风险的职场人。

⊖ 爱因斯坦.爱因斯坦晚年文集：伟大的科学巨人对人类社会的终极思考 [M].方在庆，韩文博，何维国，译.海口：海南出版社，2017：27.

本章小结

（1）每个人都是一套系统，系统的发展需要能量输入和输出，当陈旧的能量过多时，就会出现熵增而停止发展。很多"常识"停留在我们的大脑中，但如果不对无效的常识进行审视，它们就会成为阻碍发展的因素。

（2）"朝抵抗力最大的路径走"就是在做熵减，你其实知道应该选择做什么，只要你脑中响起这句话，它就会指引你克服懒惰心理而选择做正确的事情。

（3）人的思维方式是很难改变的，它直接影响着人的行为。正是要突破过去的认知，所以才会体会到"痛苦"，但唯有行动才能实现"跨越"，也就是自我迭代 U 形图底部的"触碰边界"。

（4）尝试新的做法和参与充满挑战的新经历，以及它所带来的新的成就感，会改变一直限制你的固有思维与做法。在巩固新边界时，思考和反省都会随着你的行为发生改变，你会有新的想法：什么是重要的，什么是值得去做的。这些思考和及之匹配的行动会改变你，帮助你从新的成就中获得自信，产生内啡肽效应。

（5）自我迭代在构建内在能量体系中起到了枢纽作用。你必须意识到，那些让你获得目前成绩的事物，现在已经无法带来更多成绩了。自我迭代是一件很难的事，但只有这样，才能激发内在能量去支撑职场价值曲线的向上发展，直至"价值高原"。

本章练习

练习：个人迭代分析与计划

把自己当作一套系统，为了取得系统的进步，请按要求填写表格。

自己这个系统 存在的短板	需要新增 的能量	哪些能量需要 释放出去	每日设定一项 抵抗力行动

第 12 章

个人职场品牌与发展战略

提到"品牌""战略"这些概念的时候，人们总认为普通职场人不需要这些，可是当你作为"经营"自己职业生涯这个事业的 CEO 时就会发现，个人职场品牌和发展战略必不可少，它们是帮助你提升职场价值的重要方法。

塑造个人品牌获得溢价能力

如果用薪酬来衡量个人价值，那你认为自己是被低估了，还是刚刚好，或者被高估了呢？你希望未来的薪酬如何？有趣的是，在调研中我们发现，在的确因企业情况而存在薪酬被高估的人群里，没有一个人觉得自己领到了偏高的薪酬，甚至有不少人认为当前在薪酬上自己被低估了，对于未来的薪酬，人们总是希望尽可能更高。

"高估的薪酬"和"品牌溢价"有所不同。"高估的薪酬"是不稳定的，会因为特殊情况而产生，例如，对某个岗位需求的急迫性会导致给出的薪酬远超正常水平。但"高估"不会持久，当需求稳定下来后，对于个体而言，就会面临薪酬被调整的危机，因为企业组织永远在追求人力资本的性价比。"品牌溢价"则是除了本身的实际价值，企业组织因为你的"个人品牌"而愿意多付的酬劳，这是一种附加值，也是你职场价值的重要组成部分。

职场人需要个人职场品牌

如果把自己当产品来经营，你是希望像劳动力市场那样按工时报价、讨价还价，还是希望受到追捧、存在品牌溢价呢？显然，肯定是后者。同样从事某岗位的工作，是否具备个人职场品牌，其职场价值截然不同。

个人职场品牌是组织里的相关人员（决策者、上级、同事等）甚至行业、社会对某人具有象征意义的记忆，是对其专业能力、适应能力、价值创造能力以及独特价值的全方位理解。

建立个人职场品牌并不是为了满足虚荣心，也不是为了增加粉丝，而是为了更好地应对竞争，适应职场的发展趋势。在互联网的作用下，企业可以很便捷地获取更多的人才信息，使职场竞争的激烈程度不断加剧，任何一个有能力的人都可能成为你的竞争对手，而不只限于现在的同事。

打造个人职场品牌是应对竞争的最好方式之一，在职场这个庞大的社交网络中，它帮助你让更多的人注意到你的价值，这也意味着你将拥有更多的发展机会。

笔者曾做过一些关于品牌的市场调研，其数据结果同样对个人职场品牌有指导意义。

- 70% 的消费者需要通过品牌来指导他们的购买决策。
- 50% 或更多的购买行为是品牌驱动的。
- 25% 的消费者声称如果他们购买他们所忠诚的品牌，价格则无所谓。
- 72% 的消费者说愿意多付 20% 的钱来买自己喜欢的品牌。

与没有个人职场品牌的人相比，有个人职场品牌的人在应聘、晋升、加薪、能力培养等方面获得机会的概率要大数倍。即使你无心竞争，建立了个人职场品牌也有助于你与上级、同事建立良好的协作关系。试想，当你想购买商品时，是不是直奔自己喜欢的品牌而去呢，即使价格贵点也没关系，因为你认可这个品牌，不用担心它的品质。品牌的核心效用之一就是消除对信息差的担忧（你不可能知道商品的所有信息）。职场中同样存在信息差（见图 12-1），个人职场品牌则发挥着消减信息差的作用。

一个人的品格、工作能力、思维方式等不可能被其他人百分百理解，更难指望上级花足够多的时间来了解你，那么如何让自己更容易被识别出来而获得机会？如何能与其他人相比更具有不可替代性？答案就是建立个人职场品牌。

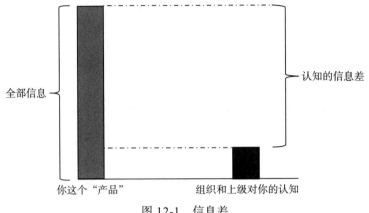

图 12-1　信息差

定位是核心

个人职场品牌的定位，是为了让职场这个"市场"里的"客户"（影响你职业发展的干系人）能对你形成积极的品牌印象和记忆。通过个人品牌定位来占领关键干系人的心智是尤为重要的，如特劳特所讲，没有定位来占据心智资源，其他所有资源都是成本。

一般来说，通过以下三个维度的设定来进行个人职场品牌定位。

（1）人才类型。你将自己定位于哪一类人才？是专业技术类、管理类，还是多面手？是执行型、策略型，还是拓展型？

（2）带给组织的利益。你能带给组织什么样的利益，这非常重要。思考这个问题时要反思自己的工作价值，如果没有以"带给组织的利益"为核心，即使忙忙碌碌，组织也不会认可你所谓的"付出"。例如，一位研发经理带给组织的利益可以是提升新产品开发的成功率，也可以是降低产品研发成本。

（3）追求的价值观。你是追求什么样价值观的人？例如，致力于工作高效、奉行团队利益至上、勇于承担责任、成长导向、追逐梦想、利他……有什么样的价值观，就会指导一个人使用什么样的方式做事，这是个人职场品牌定位的重要部分。

你应该用一张简单的表来将这三个维度的内容清晰地写出来，一位销售的个人职场品牌定位如表 12-1 所示。

表 12-1　一位销售的个人职场品牌定位

定位三维度	定义描述
人才类型	我认为自己是业务拓展型人才，公司正在大力拓展外省区域市场，自己认知的定位匹配公司的重点方向会更有价值
带给组织的利益	我认为自己带给组织的利益是增量收入，拓展就是为了增量
追求的价值观	我追求的价值观是以客户为中心

将个人职场品牌定位写出来的同时也是在做自我强化，同时还要考量：自己认知的定位是否与组织对你的理解存在偏差？如果有偏差，则应该采取相应的行动来纠正。例如，自己的定位是业务拓展型人才，但上级不这么认为，他觉得你是客户维护型人才，那就要去了解上级对拓展的要求，你的工作行为是否让其有误解，然后不断改进，直到你成为有口皆碑的业务拓展型人才。

塑造个人职场品牌的四个阶段

塑造个人职场品牌，一般来说需要经过四个阶段（见图 12-2）来循序渐进：建立态度品牌、建立专业能力品牌、建立信任品牌、形成影响力品牌。

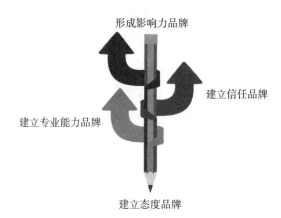

图 12-2 塑造个人职场品牌的四个阶段

建立态度品牌

缺乏良好职业态度的人，即使专业能力再强，也不可能建立起良好的个人品牌形象。必须展现出被组织认可的工作态度，这是个人职场品牌的基础。

以前聘请过一位很好的司机，他的职业态度在公司有口皆碑。记得他刚入职不久时，有一次我要外出，却没看到他在司机工位上（其他司机没事的时候就待在专用工位），打电话问他在哪儿，结果当时那番对话让我记忆深刻。

司机："我在车上，马上就可以从地库开到大门。"

我问："你怎么没在工位上？"

司机："我觉得车子才是我工作的地方，想着不出车的时候就来收拾一下，弄好了我再回工位。"

真没想到他能说出这样的话，后来在工作中他的确也是如此敬业，公司给了他很多的素养提升类培训机会，为他后来回乡创业积累了不少知识。

许多人虽然有专业能力，却成了让组织"头痛"的人，发展机会自然是能不给就不给了。用什么样的态度来工作，这是需要每个职场人思考的，只有对自己的职场价值负责的人，才会有良好的工作态度，这也是开启机会之门的关键。

建立专业能力品牌

把事情做好需要足够强的专业能力，正如本书第二篇"第Ⅰ阶跨越：开启自我发展的智慧"中提到的"至少在一个方面达到优秀水平"，如果上级和同事在想到某个有专业含量的工作时，浮现在他们脑海中的首选之人就是你，那么，你的专业能力品牌也就建立起来了。

一位很专业的财务人员却没能建立起自己的专业能力品牌，各高管每次收到由他负责的财务分析报告时，都没兴趣细看，因为满满的几页报告里有太多财务专业术语，显得很复杂，高管们往往一眼看不到自己想要的内容就放下了，最后还是靠口头询问来获得自己想要的数据，导致这位财务人员的工作要重复多次，很辛苦还不被认可。

当其他人（尤其是上级）并不觉得你够专业时，可能并非你的专业能力不行，而是他们没有从你的工作中得到自己想要的结果。因此要注意，专业能力品牌的建立和有专业能力是两回事，专业能力品牌的建立是靠工作结果对其他人产生的作用来体现的，越是专业，就越要能让别人认可你的工作成果，而不是让别人看不懂。

建立信任品牌

个人职场品牌塑造的第三个阶段是建立信任品牌，这是一个隐性效应，无论一个人的态度多好、专业能力多强，如果得不到组织和上级的信任，都是难以获得更多机会的。

日常工作中很少出现"赵子龙七进七出救阿斗"式的关键任务，如何建立信任品牌呢？信任来自细节行为的效果积累，是由很多小的"yes"汇聚成一个大的"yes"。赢得信任的机会往往出现在工作细节中，只要你足够认真，能站在组织和上级的角度思考问题，以价值导向开展工作，就会获得信任。

我对一位下属的信任始于他的"打扰"。当时要求他负责整理公司多年来的成功案例和标杆项目信息，形成销售人员使用的手册。如果换作别人，接到任务后就抓紧去做了，可是他第二天却来找我沟通，一开始我有些不悦，怎么还不抓紧执行，结果他说："昨天会后我调研了一些销售人员，他们脑袋里没有这些内容，公司这么多年的案例和标杆项目一直没有利用起来，尤其是新员工在面对客户时没东西可讲。所以这么重要的工作，我担心理解出现偏差或者漏洞，因此对您的要求进行理解并做了个项目框架，想请您再帮我审阅一下，确认后就启动项目了。"

他很认真，交来的材料也很详细，列出了一些他还不太确定的地方。这种主动反馈的方式特别好，是重视工作的表现，更增强了我对他能把这项工作做好的信心。

当然，赢得领导信任的方式因人而异，这位下属的做法可能换个领导就会行不通，关键在于你得了解上级，用行动去满足他的关注点。

形成影响力品牌

经历了前面三个阶段之后，你在组织中就会逐渐形成影响力，这种影响力会让你做事更顺畅，因为有更多的人愿意来配合你、帮助你。

我曾在这方面受益匪浅，记得多年前刚加入某著名通信设备公司，还只是项目经理的时候，我就经常被高层领导点名要求参加高级别的会议，这是因为通过几个攻坚项目（例如一个人在边陲地区开局、攻克硬骨头客户等），我在公司中树立了自己的个人品牌，大家一致认为我的创新和拓展能力是优秀的。所以很多看起来很难的项目都给了我，因此我积累了大量含金量高的项目经验。其他部门的同事看到我经常跟高层领导探讨思路、参加高级别会议，对我的态度也愈加好了起来，我也因此更容易得到资源上的支持，项目成绩越来越好。

后来我才意识到，这是我个人成长道路上形成的良性循环。

如果你已经开始负责项目团队或管理部门，影响力品牌就是你带领团队把事情做成的最佳助力。产生影响力并不是一蹴而就，而是与你所处的环境和人际关系有关，尤其是能否在前面三个阶段（态度、专业、信任）做好。它并不是试图去说服或操纵他人，而是通过一些要素让人们愿意积极地参与到你需要他们的事情中，甚至改变他们的立场。以下这些要素是人们乐于受到影响的因素。

参与：每个人都有着希望他人认真倾听和考虑自己的观点和意见的动机，让他人参与进来，这会让他们把这项工作当作自己的事来做，这时影响力就发生了。

信念：影响者坚持的信念以及对目标所表现出来的信心、积极性，会对他人产生正面影响。

欣赏：人们都希望自己的工作方式和所做的贡献能得到欣赏，当你用欣赏的方式来看待他人时，影响力就悄然出现了。

信誉：人们更愿意受那些有良好信誉的人的影响，信誉包括影响者过往展现出的良好的品质、丰富的知识、高水平的专业能力和令人佩服的业绩等。

在影响力的作用下，人际关系成了合作模式，在一个完整的、连续的合作过程中，工作成果也会更有保障。

重视自我营销

要让个人职场品牌有用武之地，自我营销必不可少。在这个人才如过江之鲫、竞争愈加激烈的时代，如果你还抱着"酒香不怕巷子深"的观点，就会失去很多机会。职场竞争不进则退，更不要说职场跨越了，就连驻足原地都会成为奢侈的想法。

把自己当作"产品"的三个层次

要想塑造个人职场品牌，获得溢价能力，就要有把自己当作"产品"来经营的意识，学会在三个层次上传递"自己是什么样的产品"，如图 12-3 所示。

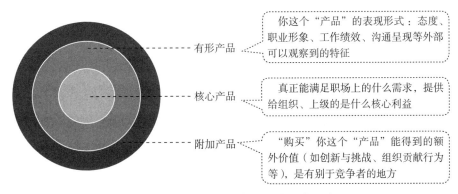

图 12-3　自己这个"产品"有三个层次

1）有形产品

有形产品是指产品可以被观察到的具体元素，例如可以被观察到的质量、功能、款式、包装等。把自己当作"产品"并要获得组织的青睐，就要注意你的表现形式，包括态度、职业形象、工作绩效、沟通呈现等，这些"有形"元素会让你得到最直观的判断，具备好的有形产品，自然更容易受到欢迎。

2）核心产品

核心产品是吸引并满足"客户购买"动机的因素，是产品的核心效用。以面包为例，不同的核心产品，会吸引有着不同购买动机（饱腹、追求健康或潮流）的客户。把自己当作"产品"，就需要思考：我能提供什么核心效用，才会有更多机会让上级"购买"。

3）附加产品

附加产品是指在购买产品时所得到的额外服务或利益，如令人喜欢的包装袋、售后服务、身份的象征等。把自己当作"产品"，其附加产品就是与竞争者区分开来，拥有差异化优势和附加值的地方。例如，你更擅长创新，更能应对新的挑战，在本职工作之外还有额外的贡献（如经验萃取、新人培养等），这会让组织觉得"购买"你的性价比很高，自然会增加对你的关注度。

增加对产品三个层次的认识，有助于我们设计自己这个"产品"，明确自己到底能产生什么样的价值。核心产品很重要，但如果没有足够吸引力的有形产品，价值则会大打折扣；同样，如果没有附加产品，则难以形成差异化的竞争力。

自我营销的三种方式

要想获得"客户"（组织、上级）的认同，你需要掌握自我营销的方式，把自己这个"产品"的价值传递出去。这里介绍三种重要的自我营销方式，分别是思维呈现、接受挑战和展露能力，如图 12-4 所示。

1）思维呈现

影响工作的因素正变得愈加复杂，这对执行者的思维能力提出了更高要求。职场人应该抓住关键机会来呈现对项目、问题的思考，尤其是在事情还没有最终确定的探讨阶段，不要担心不完美，展现清晰的思维会让上级印象深刻。

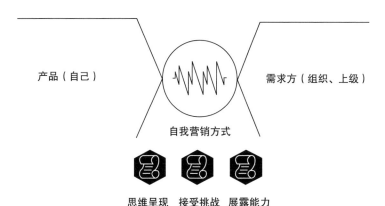

图 12-4　自我营销的三种方式

良好的思维呈现需要掌握系统且结构化的方法，这可以通过《第五项修炼》《系统之美》这样的图书进行学习，还可以日常进行一些方法训练，例如前面提到的凡事分三点、MECE 原则等。

2）接受挑战

企业发展是一个不断接受挑战的过程，如果你想在组织里凸显价值，就必须敢于接受挑战，这包括学习新知识以及进行问题改善、技术突破、业务拓展等。具有挑战性的事项往往伴随着资源的欠缺，在其他人退避三舍之时，能站出来的人会备受关注。当然，你还得能够完成挑战才行。

一位采购总监给我讲述了他的一段经历。当时公司很困难，需要采购团队把某个部件的采购周期从一个月压缩到一周。所有人都不吭声，觉得需求量不大还要求这么高，供应商不可能配合。他当时刚入职，没有多想就举了手，后来别人都等着看他笑话。他也没什么好的办法，就直接带着行李出差去了供应商的工厂，他跟供应商说，如果一周生产不出来，他也不回去了，还很有激情地介绍了公司的发展，希望供应商能重视他们公司的业务。

供应商被他这种干劲打动了，说尽量安排。他真的就待在车间里24小时不离开，跟供应商的团队一起寻找协调订单优先级的机会，还自己掏腰包给工人们买夜宵，做了一切可能提升供货速度的事情。一周后居然真的顺利交货，但他也累得病了一场。

这位总监每当回想起那段经历都颇为感慨，认为自己现在肯定做不到了，当时也不知道哪来的勇气去接受那种不可能的挑战。但也恰恰因为这样的付出，短短五年时间，他就从新员工走上了采购总监的位置。

3）展露能力

展露能力非常重要，尤其在大型企业中，很多工作会涉及跨部门、跨地区甚至跨国的协作，参与的同事遍及全国乃至全球，无论是高阶管理层还是其他同事，他们都可能从来没有见过你，在过去你们之间没有任何交集。如果没有让他们知道你、了解你的能力，要他们帮助你完成工作或者给你提拔的机会，就会很难。即使在一个每天都能见到老板的小型企业里，也同样需要你展露能力。无论是在企业内部，还是在行业中，增加能力的曝光度，你将会得到更多的支持。

千万不要拿性格内向作为无法展露能力的借口，机会不会因为你羞于表现就跑到你身边等你伸手。我将展露能力的机会称为"关键时刻"，它不一定局限于专门的汇报，也可能出现在面对容易令人退缩的任务时，出现在细节工作上，例如：

- 资历较浅的人，要自愿参与关键项目的辅助性工作，这样你可以了解项目的整个过程并有机会向高层汇报，你的能力有机会得到展露。

- 积极参与行业交流会，如果你是专业人士或管理者，就要多争取发言的机会。有些职场人不愿意"抛头露面"，殊不知你越是躲避的事情就越是应该去改善的短板。如果你还只是普通员工，没有发言的机会，也要敢于与行业中的专家和高管进行交流。基层人员往往不愿意接近高管，担心被拒绝，可实际上高管们也希望通过交流来发现人才。

- 参加有高层人员参与的会议时，要有自信和勇气，并对会议需要的细节信息进行周全的准备。当高层对某项工作有兴趣或产生怀疑时，会突然要求给出一些细节信息，例如竞争对手的数据、项目进度、成本、某个关键日期等，很少有人能对此如数家珍，你的上级可能会陷入回答不清晰的尴尬境地，这时你的机会就来了。你只需要简单明了地说出相关数据即可，既能展现你的能力，又能帮助上级化解尴尬。任何好的展露能力的机会都来自充分的准备，你比别人更用心，就会有更多的机会。

- 在行业媒体或自媒体上撰稿，展示你对工作的思考和工作经验，这是一个很好的方法。很多职场人不懂得写作的重要性，公司高层在浏览行业网站或在自媒体上看到你文章时的效果，远远好过你站在他面前进行汇报，他会很惊讶自己的团队有如此能力的员工，出乎意料的关注会给你带来机会。

以上方法仅供参考，你需要根据自己的实际情况进行选择，还有更多关键时刻等着你去发现和把握。需要提醒的是，展露能力时切忌说得过多且不在点子上，或者不合时宜，要考虑内容以及受众的接受度，考虑什么角度更能引起他人的兴趣并产生提问。

用战略思维来做事

具有战略思维是一种能力，对企业是这样，对个人同样如此。当你关注自己在职业生涯中的价值曲线走向时，就必然会激发战略思维来进行更长远的思考，它能起到以下三个方面的重要作用。

抵御各种压力

我经常这样形容有战略思维的人："他们在发展中受到的压制力量不会比别人少，不是每个人都能遇到好的上级。他们可能会遭遇职场打压、刻意为难、不公平对待等情况，哪怕离彻底趴下仅有一毫米的距离，他们也始终有支撑的力量，因为他们有着自己的战略目标。"

我在培训时感受到了一位女干部的坚持，她跟随公司从山东搬到江苏宿迁，因为建厂筹备，有一年多没回家。这位女干部在课堂上分享个人战略时泣不成声，她说自己太久没见父母和孩子了，亲人生病时也无法前往照顾，思念到快要崩溃。而且新厂只有临时搭建的宿舍，条件很艰苦。每当她快崩溃时，她就想到自己的选择和付出是有意义的，是为了公司和个人的未来，她选择坚定地走下去。

如果没有个人战略方向的指引，即使"心中有火"，也用不了太久就会被现实的压力"熄灭"了。而有着个人战略的人，哪怕已经快到"绝境"了，什么资源都没有了，个人战略也能支撑着他站起来。

提高痛苦承受力

工作中缺乏对痛苦的承受力，遇到点儿阻力就觉得难受的人，就会选择回避问题。这并不是解决办法，最终只能让你具有低水平的职场价值。

杰克·特劳特在《人生定位》中用赛马来形容不同的工作方式："骑着努力型赛马的人通常在一开始的时候就每周额外工作一两个小时，然后慢慢加量。如果加班没有带来晋升，也没有赢得表彰，他们就会拿出鞭子，更加用力地抽打自己。过不了多久，他们就会觉得疲惫不堪。"⊖

这段话形容得非常生动，很多人恰恰是在这种"鞭打"式的努力下没有得到预期的回报就陷入了低谷。没有战略思维的人会把当前的痛苦看作永恒的存在而跳不出去，从而产生颓废感，就像掉进深坑，被黑暗包围，不敢行动也不知道如何行动，原本用力一爬就能出来，却始终被困在里面。

那些在各个领域取得成功的人，原因就在于他们立足于更长远的发展目标，无论遇到什么样的麻烦、质疑和困难，都不放弃。他们具备比

⊖ 里斯，特劳特.人生定位 [M].何峻，王俊兰，等译.北京：机械工业出版社，2011：17.

普通人更强的痛苦承受力，能清楚地认识到当前的痛苦只是短暂的，虽然有掉进坑里疼痛的时候，但他们能坚定地爬起来继续前行。

拉高视线

战略思维能把人们的视线拉高，从计较当前得失拉高到整体考量和筹划未来。每天我们都在做无数有关得失的选择，这涉及两个要素：一个是智商，另一个是智慧。智商会让你避免做出愚蠢的选择，减少不必要的损失；智慧则会将现在的损失变成未来的收益。

"战略性服软"是一个有趣的概念，它是指为了实现战略目标而暂时接受损失或妥协，实质是为了将来能获得更大的利益。这是拉高视线来选择得失的智慧。

有两位候选人竞聘经理岗位，一位很懂得运作人际关系，营造出"非我莫属"的氛围，加上他资历深厚，似乎不用竞聘就已经胜券在握。有同事私下跟另一位候选人说："别太认真了，你比不过他的。"另一位候选人不动声色，没什么特别的行动，大家以为他已经接受了输的结果。

竞聘主题是"我的工作价值"。那位认为赢定了的竞聘者用大量篇幅来呈现资历，讲述自己为公司出过多少力、受过多少委屈、得到过多少奖励等。他的总结是："相信过去的丰富经验会让我在新岗位上做出满意的成绩。"

另一位候选人则没有讲任何过去的成绩，他讲了两个问题：第一，经理岗位应该解决什么问题，发挥什么价值；第二，凭什么我能在经理岗位上实现更大的价值。

他的竞聘报告就围绕这两个问题来对未来工作进行分析，让评委听到的是：他如果做经理，会带给公司什么价值？他比别人更合适的理由是什么？

他的总结语是："我能成为候选人，就已经说明了过去的成绩，但新的岗位有新的要求，我得作为经理来思考工作。"话音刚落，总经理带头鼓掌并评价："非常好，过去的成绩不等于将来的成果，我们需要的干部就是能不断成长的人。你的汇报已经让我感觉到是一个部门经理在台上了。"

谁会胜出不言而喻。能拉高视线来做事的人是很厉害的，他们不计较一时得失，而是牢牢盯住战略目标，找到最关键的地方发力。

个人战略计划

诺曼·文森特·皮尔在《积极思考就是力量》一书中写道："首先，你要想象一下自己成功后是什么样子；然后，你要牢牢记住它，把它刻在心里。永远记住你成功的画面，永远不要让它在你的心中褪色。潜意识中，你将努力向你刻画的方向发展。"⊖

如果将自己的发展战略"刻画"下来，就能避免出现以下问题。

● 很容易"决定"目标，却没有好好去思考如何实现。

⊖ 里斯，特劳特.人生定位 [M].何峻，王俊兰，等译.北京：机械工业出版社，2011：2.

- 现实和目标差距太大，"动一下"后没有效果就停下了。
- 平常干扰太多，以至于忘了自己曾经定下的发展战略目标。
- 之前定下的战略目标还没来得及调整就过时了。

个人战略计划是刻画发展方向并指导行动的好工具，个人发展战略本质上是对自己负责，回答自己是谁，要去到哪里，如何去。它由两部分构成，第一部分关于目标（见表 12-2），第二部分关于行动（见表 12-3）。

表 12-2　个人战略计划的目标部分

我的核心价值观：
五年愿景：
两年内要达成的目标：
年度主题：

表 12-3　个人战略计划的行动部分

影响战略实现的个人核心矛盾：
基于年度主题的行动计划：
顺利执行需要的资源与支持：

要做出有效的个人战略计划，得注意以下六个要点。

要点 1："深挖"自己的核心价值观

这是在回答自己是什么样的人，它也是你决策和做事的依据。要知道，人只有在内心和外在行动一致的情况下才会有好的状态。你倡导什么？希望自己成为一个什么样的人？觉察自己的内心非常重要，请大胆地写出来。

要点 2：五年愿景与两年内要达成的目标

五年愿景一定是能让自己感到愉悦并产生向往的场景，例如你期待的工作岗位、社会地位、家庭情况、经济条件等，一定是你渴望去实现的，这样才能激发你面对诸多困难的勇气。如果你对写出来的愿景都没感觉或者对此内心没有任何波动，就没有太大意义。

不过五年愿景实在有些久远，用两年作为中间节点会比较好，无论五年后要做成什么样，都和接下来两年内要达成的目标息息相关。能明确地设定出两年内要达成的目标，对五年愿景的实现会起到强力支撑作用。

要点 3：年度主题

每年给自己设定一个年度主题，围绕它去制订相应的计划并执行，你会发现好处多多，再也不会稀里糊涂地度过一年了。坚持几年后，能清晰地看到自己的成长历程，并且每年都有所提升和收获，你也会愈加认可自己的努力。

要点 4：影响战略实现的个人核心矛盾

喜欢设立目标却在行动上是矮子，这是一个常见问题。要避免出现这种情况，就需要仔细思考实现个人发展战略所必须解决的根本矛盾，这就要运用批判性思维进行自我觉察，剖析存在的短板并正视它们，这不是否定自己，而是完善自己，只有这样，才能制订出有效的行动计划。

要点 5：基于年度主题的行动计划

围绕年度主题的行动计划，尽量使用清晰的描述方式将其呈现出来。关键的行动不用太多，控制在 3~5 项更容易让人聚焦去完成，当然前提是它们能对年度主题起到直接支撑作用。

完成这一步后，就将五年愿景、两年目标、年度主题与日常行动计划结合起来，成为可以落地执行且能滚动优化的个人发展战略。

要点 6：需要的资源与支持

你要明确执行计划所需要的资源支持、人员支持等，而不要等计划无法完成时抱怨缺乏支持。将它们写出来，有助于提醒你去与相应的人员进行沟通，尽力得到理解和支持。

一个拥有个人战略计划的人是很强大的，再好的愿望和目标不落到纸面上，都只是愿望而已。个人战略计划会引导你坚定地去实现一年、两年、五年的目标。

我曾在辅导一家瑞士腕表公司时，让每位学员写下自己的"个人发展战略计划"，并当众宣读出来。很多人看着表格写不出来，因为每天埋头工作，从来没有思考过自己的战略发展。但当他们写完后，他们明显感受到，写下内心所想的战略计划时，就好像离实现目标更近了一步；如果敢于当众宣读出来，实现的步伐又向前迈了一大步。这样的感受会鼓励着自己每天、每周、每月去按个人战略计划行动，目标终将会实现。

当时，一位 24 岁的销售主管是这么写下她的个人战略计划的（见表 12-4、表 12-5）。

表 12-4　个人战略计划的目标示例

我的核心价值观：
要成为一个专注、勤奋、认真的人

五年愿景：
成为国内手表行业一流的区域市场营销管理人员，并有一个幸福的家庭

两年内要达成的目标：
（1）成为一名优秀的终端门店管理者
（2）每季度完成一个终端门店开发项目
（3）成为合格的经销商谈判者与经营管理者
（4）有一个志同道合、上进的男朋友

年度主题：
成长年——专注手表行业，用勤奋来换取自己的快速成长

表 12-5　个人战略计划的行动示例

影响战略实现的个人核心矛盾：
　　自己身上还存在"不专注、惰性和粗心"与"成为一名合格的市场营销管理人员"之间的矛盾，需要时刻提醒自己克服这些毛病

基于年度主题的行动计划：
　　（1）贯穿全年的行动：专注于业务拓展和产品知识学习，通过勤奋获得成长
　　（2）在项目中加深对客户的认识，学习客户的成功之处，不断提升自己
　　第一步：从第一季度开始用每日计划来管理自己，每日有结果
　　第二步：每个季度积极参与两个以上市场开发项目，充分了解市场变化
　　第三步：学习科学的市场信息管理方法，锻炼自己分析市场的能力

顺利执行需要的资源与支持：
　　（1）在"专注、勤奋、认真"方面，需要在工作中得到大家的提醒、监督和指导
　　（2）需要得到 Percy、Joy 等同事在平时工作及项目运作上的帮助和指导
　　（3）参加更多的产品知识培训，加强对公司产品和服务的深入了解
　　（4）希望父母不要督促我恋爱结婚，能支持我专注地投入工作

　　当她写完并当众宣读后，明显看到她的眼神更为坚定了。她说，这是她人生中第一次写下个人战略计划并让那么多人听见，很紧张但内心却很踏实，信心得到了增强。如果父母看到这么一份个人战略计划，相信会更多地理解她，即使他们还是会着急她的婚嫁大事，也不会像以前那么焦虑，因为他们看到了她的战略目标与节奏。

本章小结

（1）能支撑你持续获得高水平职场价值的两个关键，一个是建立个人职场品牌，另一个是拥有个人发展战略，前者扩大你的影响力，让更多的人成为助力，后者是你的行动根基。

（2）普通人更需要建立个人职场品牌，为自己这个"产品"争取组织更高的"购买"意愿和"价格"。在现今的企业组织里，一起完成好几个项目的人可能都没有见过面，你想要获得更多人的支持、获得上级的青睐，就要"刻意"去打造自己的职场品牌。

（3）战略思维是一种让你可以从容应对当前困难的力量。

（4）个人战略计划不是静态的，它需要每年动态更新，根据实际情况和长远目标对下一年度的计划进行优化。年度计划必须转化到月、周的行动中来，你才能始终朝着战略目标前进。

（5）要敢于把个人战略计划公布出来，体会鞭策的力量，但如果你实在难以做到这点，那就请把它放在自己每天能看到的地方，提醒自己要去哪里。

本章练习

练习1：定义自己这个"产品"

根据本章对产品层次的划分（有形产品、核心产品、附加产品）来对自己这个"产品"进行定义，自己在这三个层次中分别带来什么价值，如何打动你的"买家"？

练习2：自我营销

现在，你应该理解了个人品牌和自我营销的重要性，为自己设计一个接下来可实施的自我营销计划，包括自我营销方式和实施计划的描述。

自我营销方式	实施计划的描述

练习3：个人战略计划

思考并制订自己的个人战略计划，把它放在自己每天都能看得到的地方。

珍惜你最困难的阶段

近几年的市场环境变化，让很多人都感到困难，世界就像突然变成了另外一个样子，人们都在努力求解，想要尽快摆脱困难。但是，这个世界真的变了，或者说一直在变，只是我们很多人还没有意识到需要调整自身来适应它而已，正如查尔斯·狄更斯在《双城记》中所写：

"这是一个最好的时代，这是一个最坏的时代；这是一个智慧的年代，这是一个愚蠢的年代；这是一个信任的时期，这是一个怀疑的时期；这是一个光明的季节，这是一个黑暗的季节；这是希望之春，这是失望之冬；人们面前应有尽有，人们面前一无所有；人们正踏上天堂之路，人们正走向地狱之门。"

这是狄更斯在 19 世纪写下的文字，直到今天依然有效，这些文字在提醒着我们应该怎么看待自己所面临的境遇。一般来说，在工作环境、晋升机会、人际关系、薪酬等方面发生令人不满意的变化时，人们会感到困难。如果你觉得已经到了最困难的时候，那应该恭喜自己，因为这是提醒你要跟过去的自己告别，提醒你要改变并迎接新的局面，所以本书的最后一项建议是"**珍惜你最困难的阶段**"。

在最困难的境地，你会觉得自己用尽全力也无法改变，其实无非有以下三种情况及应对之策。

- 时机不对，还得坚持下去。
- 方法不对，需要更新升级。
- 方向不对，需要更换赛道。

当你开始剖析"困难"的时候，它就不再模糊，你会清楚地知道下一步的方向，还有什么可担忧的呢？最大的问题在于，如果你一直站在泥潭里，就不知道如何迈脚，也不敢迈脚。

如何珍惜最困难的阶段，并最终让它成为人生发展中的台阶呢？我建议你具有以下三项认知。

困难时光是你宝贵生命的一部分

意识到困难时光也是自己生命的一部分，就不会嫌弃它，如果在这段时光里你只有抱怨和痛苦，碌碌无为，那等同于你的生命也被无意义地消耗了。

有意思的是，如果在这段时光里你没有去正视它，它就会跟你开玩笑，延长"陪"你的时间，或者假装消失了，过段时间再带上困难家族的"兄弟姐妹"一起来到你身边。

只有珍惜自己时间的人，才会在无论好坏的经历中都能获得价值。

客观评估当前的困难会持续多久

人们总是希望第二天一觉醒来，之前的困难就消失了，但睡觉并不是魔法，这样的期待只会让你在接二连三遇到困难时更加难受，甚至情绪失控。

有些困难是不可控因素造成的，甚至让你觉得已陷入绝境，但这个时候你要客观地评估当前的困难会持续多久，然后据此来做准备。这是一个很重要的技巧，如果你觉得是遥遥无期，那就赶紧调整方向；如果是你可以预见的期限，而你内心又真的热爱所从事的工作，就要想尽办法去坚持。

当然，这不能仅仅依靠主观判断，你还要对很多信息有所判断，看看身边的同行或者其他人，他们是怎么面对困难的，为什么有人能够在危机中绽放。其实，如果你不能认知到"困难时光是你宝贵生命的一部分"，内心缺乏对所从事工作的热爱，任何困难都会长久存在并干扰你。

困难阶段是对人的提醒和磨炼

美好的东西总喜欢戴上面纱，它们一开始往往都是以困难、麻烦和挑战等形式出现的，伪装起来，似乎就是要考验你是否有资格拥有它们。所以，你需要重新定义"困难"，提醒自己，处在困境中就像在玩

"找茬游戏"，不能过关就一定是还有信息你没有留意到，你只要细心审视自己的思维、做法，就会发现一定还可以做得更好。

困难的磨炼是在提升你能力的阈值，同样的困难，为什么在有的人眼中是过不去的坎，而有的人却可以轻松化解，这就是因为应对问题能力的阈值不同。所以，应对困难的最佳方式就是自我升级，与陈旧的自我模式进行对抗。

珍惜让你感到最困难的阶段吧，它是你最好的成长机会，将它定义为人生中的宝贵时光，才会懂得"勤勉修身而又能安心等待"的价值，开启自主人生。

关于七个职场问题的建议

在写完本书之后，我依旧在思考如何才能更有实效地帮助读者，即使我尽力将想法和工具用图表展现出来，也难免会有部分读者使用起来有困难，因此我专门将收到的部分求助问题及给出的建议进行汇编，相信会给读者一些启发。

篇幅所限，选择了 7 个问题，更多的问题还需要职场朋友们自己去探索解决之道。

问题 1：为什么工作很忙却没有成果

1. 问题描述

"我花了不少时间认真地制订各种工作计划，时间要求甚至细化到半小时，但除了把自己累得筋疲力尽之外毫无好处，感觉只是原地打转，没有什么成长，领导也说我缺乏结果导向，缺乏价值创造。请问这种情况该如何改变呢？"

2.解答建议

这个问题戳到了很多人的痛点，每天都在做计划，忙忙碌碌却没有取得好的结果，甚至不被认可，这到底出了什么问题？"忙"并不是错，错的是忙得没有意义，如果没有得到价值认可，就意味着投入产出水平不佳。怎样能有价值地"忙"呢，建议通过以下四点进行系统性的调整。

第一，保持工作节奏。

即使不可避免地被打扰，也一定要有自己的工作节奏。一个人如果没有工作节奏，不知道什么事情该先做，没有对事情进行优先级的考量，就会忙而无果，更谈不上成就感。

你正在做某件事情，突然被上级安排去做另外的事，这无法拒绝，但并不意味着就要打乱自己的节奏，你一定要记得回到原来的轨道上，很多人就是因为被打扰之后，就忘记了自己之前在做什么，随手抓住某项工作就开始做。你要清楚哪些事情是可以拒绝的，哪些事情是非做不可的，而哪些事情推迟一点做没关系，这才会保护好你的节奏。最好的方式是能跟周围的同事形成默契，或者让别人清楚你的节奏，在那些优秀的企业里是可以做到这一点的。例如，在华为，团队成员就非常注意自己的工作不要影响到别人的节奏，大家尽量保持节奏一致，尽量不让自己的事情突然出现在别人正专注的时候，当然紧急事情除外。

第二，计划不能只是事项的罗列。

很多计划都只是写出自己要做什么，看起来符合逻辑，但行动后却得不到期待的结果。你得明白，计划是工作开展的依据，是行动的策略和指引，自己打算做的事项只是一方面，还要思考保障计划能顺利进行的做法。例如，很多人在计划中写道，"我要交付环节 A 的成果到下一个环节 B，如果审核通过就到环节 C"，但他并没有做出保证流程通过的举措——怎么让环节 A 能按时合格交付？怎么才能在环节 B 一次性审核通过？缺少这些考虑就会让计划仅仅停留在纸面上。

第三，坚持复盘。

很多时候人们没有去分析忙的原因，只是感慨很忙，然后日复一日地忙。对于低效的忙，就要分析原因，找到可改善之处。

我建议定期进行复盘：我忙的这些事情有没有意义？有没有必要？有没有别的方法？站在另一个角度客观地审视自己，把过程像播放电影那样放出来，站在观众的角度去看的时候，一定能发现可优化之处。

第四，提升重要性。

当别人能够随意打扰你的时候，也反映出他认为你或者你正在做的工作并不重要，所以你需要塑造在工作中的影响力，让别人感受到你工作的价值，努力成为部门的某方面最佳者或者公司里有分量的人，随意的打扰就会少很多，第 12 章个人职场品牌的内容在这方面可以发挥重要作用。

问题 2：什么样的人脉才有价值

1. 问题描述

"我平时花了不少精力去认识各种人，应酬也不少，但在职场中遇到点儿事的时候，维系多年的人脉却用各种理由拒绝帮忙，突然发现真正的朋友太少。请问，什么样的人脉才有价值呢？"

2. 解答建议

人脉的好坏很大程度影响着人们的发展，向上发展其实就是人脉层次提升的过程。真正的人脉是建立在平等视角下的资源整合与价值交换，是相互成就、持续互利并有成长性的关系。我建议有以下三点认知。

第一，人脉是需要珍惜的。

我有一些很重要的朋友，平时几乎没有联系，没有任何利益关系，但一直相互关注，偶尔联系时依然感觉亲切，信任度从未变过。大家都认为对方是很宝贵的人脉，不舍得随便用，但心里很笃定：有一天如有需要，在他们力所能及的范围都会来帮忙。

有些人通过各种机缘巧合结交了不错的人脉，却随意使用，在一次两次碍于情面的帮助后，对方感受到了层次和认知的差异，不觉得这份交往会带来持续的价值，就开始回避了。

真正重要的人脉，让你不舍得用它，而是精心呵护它。

第二，真正的人脉不靠表面手段维系。

我总结人脉需要三点：心、利、情。心，是指用心，只有用心才会细心，打开人的心门。记得一次参加某位合作伙伴的宴请时，对方问我想喝什么汤，我说自己尿酸偏高，只能喝简单的汤，例如西红柿蛋汤。点菜时，他拉着服务员出去说了几句，后来上来的汤居然是按四川做法把蛋煎了后煮的西红柿蛋汤，这让我觉得他这个人特别有心。

大概过了一年多，我们第二次见面聚餐时，端上来的汤还是西红柿蛋汤，我问他怎么会点这个菜，他说，因为记得我喜欢这个西红柿蛋汤，那一刻我是有些感动的，后来我们合作了很多的项目。

利，不仅是利益，而是利他、互利。人脉的价值并不是应酬后熟悉了就可以有事帮忙，谁都不喜欢麻烦，怎样才能让他人愿意接受麻烦去帮助自己呢？那就需要有互利之心。靠拉拢和公关的人脉不长久，只能说是交换而已，算不上人脉，相互成就的利才是高级的。很多人脉能够延续下去就是因为持续的互利。

有着利他思维，知道自己能带给他人、组织乃至社会什么，就可以清楚地知道自己现在应该结交什么人，不应该结交什么人。

把心和利这两点做好，自然就有了情，这时候不需要刻意地去做表面文章，因为你们已经在彼此的生活或事业网络之中，所以说心、利、情是搭建良好人脉非常重要的三个层次。

第三，自己才是最大的人脉。

这句话可能难以理解，不是认识大咖才是人脉吗？错了，真正做好自己才是人脉的根本。有价值的人脉会主动靠近你，因为你的优点、价值或者影响力而愿意与你发生交集。

当你处在发展的困境、事业下滑时，也不要担心，真正能让你翻身的不是突然搭上某一条线，认识某一个人，而是你有什么，你能做出什么，你的潜在价值是什么。你只有丢掉那些捷径思想，让自己在某方面达到卓越的水平，才会拥有真正的人脉。

人生就像在走阶梯，你只有在这一台阶站稳了，才能与上一台阶的人握手，这样你就有了更多机会继续向上。能否做好自己才是决定人脉价值的关键。

问题3：为什么没有猎头来找你

1. 问题描述

"胡老师，我有丰富的行业经验，成功完成了不少项目，现在想换个工作，但为什么从来没有猎头来找我呢？"

2. 解答建议

猎头业务意味着更高职位与薪酬的机会，对人们的职场发展起到非常重要的推动作用。但是猎头为什么没有主动发现你？一方面，你的专业性、工作成就等可能还没有优秀到能吸引猎头的主动关注；另一方面，在职场上"酒香不怕巷子深"是不适用的，别人都不知道你、看不到你，他怎么知道你的好，怎么去挖你呢？所以矛盾出现了，很多优秀的人找不到合适的企业，而很多真正优秀的企业又找不到合适的人。

我建议你主动去获得猎头的关注，这需要注意以下几点。

第一，你的简历能否在海量的简历中凸显特色？企业通过猎头去寻找的，一定是在某些方面有特长而又在人才市场上较难找到的人，因此能否让猎头对你的简历快速产生兴趣很重要。

第二，热爱工作才会产生机会。猎头找的人都不是缺工作的人，而是工作状态非常好的人。如果你整天想着自己什么时候才能找到工作，对当前的工作漫不经心，猎头不会找到你，而当你真正能专注在工作之中，在工作中找到价值和乐趣，机会往往就会出现。正如稻盛和夫所说："首先你要热爱你的工作。"你都不热爱工作，怎么去影响别人，别人怎么会找你呢？

第三，努力让猎头更容易找到你。你知道猎头在哪里吗？有没有上过猎头的网站？尤其是现在有一些比较开放的社交型猎头网站，你可以去建立自己的专栏，展现自己的能力。坦率地讲，在抱怨猎头没有找自己的人，大多没有努力去展示自己的能力。

不要担心现在的职位不够高，在行业的知名度不够，其实每个人都可以创造独特的价值，你得鼓足勇气多走一步，去了解一下有什么渠道可以让更多公司和猎头关注到你，比如你把你的工作经验、解决问题的过程在一些平台上发表，会有更多人关注到你。

问答 4：公司业务骨干，面对低薪酬是否该继续坚持

1. 问题描述

"我 38 岁了，在这个民营企业工作 8 年，一直是业务骨干。这些年

工资虽然有提升，但相比竞方公司的水平有着不小差距。可气的是，空降过来的低一级的员工定薪比我要高一截，这让我心里很不舒服。跟老板反映后却毫无变化。

最近朋友推荐了份新工作，每月比现在要多 6000 元，只是这份工作在外地，让我很犹豫。本想跟老板敞开心扉地聊聊，不指望他能涨这么多，只希望能一碗水端平，没想到老板直接来了句：'现在公司也不容易，可以给你涨 500 元。'我现在很纠结，该跳槽还是继续干下去，期待老板良心发现？"

2. 解答建议

从这个问题的描述中可以看到，问题有个人的原因，也有公司的原因，下面从几个方面谈谈我的看法。

第一，在民营企业里，薪酬高低取决于职位价值和能力贡献。按这位朋友所说，他是一名骨干员工，空降来的低一级人员工资都比他高，在能力并没有超越他的情况下，公司这么做是不应该的。不能说以前定下的薪酬，就一直不调整，导致新老员工的薪酬倒挂，让干得久的人吃亏。

第二，"骨干"是谁给的定义呢？可以看出，公司老板并没有把他当作真正的骨干，至少没有把他当作不可或缺的人。老板很清楚投入和产出，如果严重低于同行业正常薪酬水平，他一定会担心骨干跳槽给公司带来的损失，尤其是中小企业人才储备不够，可以说是"一个萝卜一个坑"。所以，要搞清楚自己的定位，自认为是骨干还是老板也如此认为？

第三，从这位老板说涨 500 元的处理方式来看，我认为他不具备成熟的管理思维，也不够珍惜这位老员工。其实可以设计长效激励方式，而且有很多灵活的平衡手段，哪怕真诚地说几句："现在招人不容易，外面新来的人没有咱们之间这种情谊，让你们这些老员工受委屈了，年底我会尽量平衡回来。"到了年底给老员工一个大红包，既解决了平衡问题，也让老员工心里舒服。可以推断出这个老板格局不够，要知道一个老员工依然愿意积极工作，就是公司的宝贵资源。

第四，要清醒地认识到几个问题：企业最需要什么人？老板最舍得在什么人身上投入资源？为什么新来的人拿更高薪酬，老板却心甘情愿？我认为这位朋友肯定是有能力的，否则不会有别的企业能每月多给 6000 元，但也许他在现在的企业里未被认为有高价值。你必须清楚地看到新人的优势，他们是否更有潜力？是否更具有开拓新领域的精神？而自己是否一直在稳定的业绩上徘徊呢？我经常说，组织最需要三种人：一是能带给企业机会和发展的人，二是能跟着企业发展快步奔跑的人，三是性价比很高的人。那么，你是哪种人呢？

需要注意的是，愿意给远超正常薪酬的企业，是想利用你已有的经验积累，还是觉得你是可用之才，会培养你？如果是前者，你就是贩卖自己已有的资源、经验和时间，价高者得，未来却难以增值；如果是后者，则意味着有发展机会。

总的来说，公司老板并不重视这位朋友，指望老板改变是很难的，从更深层次来看，老板一定有对他不满意的地方，只是他不知道而已。

如果这位朋友想要提高收入，恐怕只能挪挪地方了。如果选择留下来，我不建议再去找老板提薪，而是让自己在业务上真的成为不可或缺的人，这一点做到了，他会什么都不怕，所有的资源都会朝他涌来。

问答 5：如何高情商拒绝别人额外给的工作

1. 问题描述

"我感觉自己情商非常低，工作中经常有同事把不属于我的工作扔给我，我却不知道该如何拒绝。以前我直接拒绝得罪了人，导致同事到处给我使绊子，我应该怎么样高情商地推掉这些额外的工作呢？"

2. 解答建议

很多人都会遇到这种情况，尤其是职场新人或者职位不高的人，总会做一些自己不愿意也不在负责范围内的事情，感到烦恼又没有办法解决。我建议先要对问题本身进行反思，再谈改进的方法。

首先，反思这个问题，我认为不是缺乏高情商，即使你很会说话，很会沟通，也不能避免别人把工作扔给你的这种现象。实际上问题在于如何在一个群体中相处、如何与别人开展工作，多数人没有这些方面的训练和思考：我与其他人之间该如何开展工作？我们之间应该保持怎样的关系？我应该在同事心中树立什么形象？接下来，我提出以下三点优化建议。

第一，要有边界感。

很多人习惯顺口就答应他人的要求，对方就会认为你可以做。每个人都要有边界，让其他人知道你的边界是什么，当你显得没有边界时，就会容易被别人带乱节奏。

第二，把工作做出价值。

经常被"使唤"的人，本质上是因为在组织里其他人认为他的工作不重要，因此很多杂事就会推给他，随时受到别人打扰。你必须找到自己工作中的价值，当别人开始正视你的价值，就不会随便指使你，你才会有更多的空间和时间去专注完成自己的事情。

第三，说服自己的内心。

如果你是新人，或者职级不高，很难拒绝其他同事将工作"甩"给你，这个时候你就要说服自己的内心。很多年轻人刚踏入职场，就把面子看得很重，这让他们失去了一些锻炼和发展的机会，也许这并不是你该做的工作，但如果把它看作一种锻炼的机会，那么就不一样了。

即使琐碎且不断重复的工作，也一定有新价值。当你能在组织中体现出价值的时候，你就会发现这个世界变了，变得对你更加友好起来。

问答 6：为什么不如我的人却得到了提拔

1.问题描述

一个资历和能力都不如我的同事被提拔成了我的上级，很想不通，平时不论是业绩、沟通还是人际关系，我自认为都很不错，很多同事遇到事情都是向我请教，本以为升职有我的份，但是没想到这次领导却提拔了他（他平时就是遇到问题向我求助最多的人之一），现在他变成了我的上级，这让我很不舒服，想辞职。

2.解答建议

职场中有时会有晋升不合理的状况，比如有些人德不配位或者能力不行，却因为私人的关系而获得提拔，但大多数情况下提拔是有合理的考量的。你与提拔机会失之交臂时更需要思考，对那些获得了提拔的人看法是否全面、客观。也许眼里看到的是他在某些方面不行，忽略了他在其他方面的优势，而这些优势却可能恰恰是你的短板。

第一，工作经验和资历，不一定是组织提拔人的核心考量因素。

一个人工作久了，往往就会认为自己在这个领域是最有经验的，有提拔机会就该给自己，可是，组织提拔人并不是看谁对工作最熟练。有资历和经验当然是好的，但这不是获得提拔的充分必要条件，也并不代表你能够担任更高的职位，只能说明你胜任现在的工作。

第二，要理解企业为什么要提拔人。

公司里最容易提拔两种人：第一种是能带头奔跑（技术、业务等方面）的人；第二种是能够专心跟着企业奔跑，跑得靠前的人。组织在提拔人的时候，会考量很多因素：谁更适合做团队管理？你适合当个人英雄，还是适合做管理者？谁更有潜力？你的可塑性如何……

组织要发展，一定会更侧重有潜力的人，当然有潜力不一定意味着就是年轻，而是能够不断地自我迭代，有着持续成长的可能性。如果你认为自己的资历足够高，靠以前的成绩就应该获得更多东西，你反而会失去很多。

第三，你在组织中的核心价值是什么？

这位职场人想不通的地方在于，那个获得提拔的人经常向他请教问题，就认为对方不如自己。相反，对方可能是善于学习，为了做好工作而请教他人。我的建议是，要想有发展就得敢于向他人学习，甚至是向你讨厌的、看不上的人学习。有的人看到比自己年轻的人走上管理岗位，心里就不舒服，不甘心不服气，这是一个很落后的观念，未来我们一定会被年轻人领导。

如果你因此要辞职，那到哪里你都会遇到令你不舒服的情况，你怎么能保证去一个陌生的企业就不会遇到更不如意的情况呢？当你心里不舒服时，应该转换思维：我到底还缺什么？为什么他能成为领导？我应该向他学习什么？为什么领导没有考虑我？

解决办法是从自我封闭的环境中走出来，找到自己可提升的方向，这才是出路。

问题 7：为什么工作的动力逐渐消失

1.问题描述

"现在的职位和薪酬都提升了许多，但为什么感觉对工作提不起兴趣？不像以前那样愿意主动承担工作，缺乏动力呢？"

2.解答建议

能够意识到自己的动力不足是好的，说明你对自己还有期待。很多人一提到动力就想到薪酬，认为工资给得高，自然就有动力，实际上工作的动力不是薪酬来决定的。没有动力的人，即使薪酬翻倍，也最多兴奋一段时间就会被打回原形。往往在工作得心应手之后，面对熟悉的环境、熟悉的人和事，就像处在一种静态的状态里，人是很难产生新的动力的。

制定个人发展目标是解决工作动力缺乏的重要方法，这里有三个关键点。

第一，需要给自己树立长远的目标，它会有激发性，但需要匹配阶段性的子目标并持续优化，比如说你想成为某个领域产品开发最好的人才，结果不到三年，这个技术领域就被颠覆了，你的目标自然要调整。

第二，设置阶段性的成果，不要总觉得实现最终目标遥遥无期。看到自己的收获，能够鼓励你继续走下去，过于远大的目标往往在过程中看起来是毫无希望的，你需要过程目标的实现来给予反馈和激励。

第三，目标要有挑战性，当你认为自己的能力足够完成当前所有的工作时，是没有好奇心的，会变得没有动力，没有挑战就会变得应付。

当我们对工作失去动力的时候，恰恰是自己进行反省的机会，建议向自己提出以下几个问题。

第一个问题：觉得没有意思的工作，真的做到最好了吗？只有看到可提升的空间，才会觉得有意思。

第二个问题：如果想去实现更高远的目标，那应该厌烦现在的工作，还是尽力把现在的工作做得更好？不管你未来想做什么，都需要做好眼前的工作。

第三个问题：如果对现状不满意，那需要做什么才能改变？记住，一定要行动，哪怕是很小的一步。比如有人制定了跑马拉松的目标，却始终没行动，还不如先能够走出家门散步十分钟。

第四个问题：来到这个世界上，我的人生价值是什么？我需要做什么才能改变现状？这样做下去我能有价值吗？十年后，我会不会后悔现在的做法？当你开始思考这些问题的时候，就会发现动力不是被外界激发的，而是内在的。

| 附 录 |

丁谓的做法

我在线下的企业管理课程中做这个案例的演练，学员们给出的答案都非常类似，比如，进行核心人员的分工，明确工程的里程碑，做严格的绩效考核；还有人说要做好激励，让工人有能动性把工作质量做好……这些答案看起来都没错，但要思考的是，按照这些做法就能按时完成吗？如果不能，可能存在哪些问题？看看丁谓当时是怎么做的吧。

背景信息中有尚方宝剑，可能有人一听到这个资源就觉得项目没问题了，可以先斩后奏，但真的是这样吗？在推行工作的时候，其实尚方宝剑是类似于绩效考核的东西，有一定的威慑作用，但它不能保证结果，所以看起来资源很丰富了，专业人员也有了，按部就班推行就可以实现目标了吗？

丁谓下令在皇城范围内挖筑水渠，连接上运河，这需要投入三个月的时间和一半的工人，其他大臣都认为整个工期会受影响，会害了大家。

丁谓顶住压力坚持下来，完成水渠后，引水通航，疏运建材，把从远方运来的材料直接运输到工地。当皇宫与设施建好之后，把土填进水渠就修成了主干道路，这看似不务正业的计划却使原来建设皇宫的工期大大缩短。

如果丁谓没有花大力气去挖筑水渠，而是着急建设皇宫呢？恐怕结果会真的害了大家。其他人都没有意识到，在当时的条件下，长途运输物料最快最有效的方法是水运。虽然说千万两白银预算有了，但是并不意味着修建所需的材料都已经到位了，有了水渠之后，远距离的物料能够在当时的条件下最快运输到工地。

当时最大的矛盾面并非进度，因为可以增加人手，还可以加班赶工，资源的充足性本身不是问题，最大的问题在于资源如何尽快到位！有了千万两白银的预算，就能按阶段去及时提取吗？这些资金如何快速换成所需的物料呢？物料能够及时到位吗？如果物料不到位有什么影响？这时候优先要做的事情，是考虑如何让这些资源尽快到位，这本身是计划中非常重要的一部分。

这个案例说明了什么呢？在接到一件任务时，着急行动并不能保证实现结果，而应该确定最主要的矛盾面，并将其解决措施作为计划的重要部分之一，将其与进度管理结合才会增加成功概率。

"帮助杀手逃脱"的答案

题目并没有说杀手不能回到自己的房间，因此，他只需要杀完第一个人后回到自己的房间，路线就很容易出来了，如附图 1 所示。

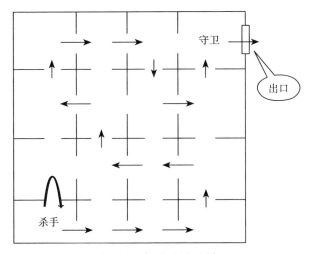

附图 1　帮助杀手逃脱

属性组合法猜谜语的答案

玫瑰（沉没 +"龟"的谐音）。

"沙漠生存"的答案

在第二次世界大战期间，一位专家曾在撒哈拉沙漠工作，研究在沙漠求生的问题，他搜集了无数事件和生还者的资料，给出的答案依次是：化妆镜（发出求救信号）、厚外套（防止水分流失）、水（保持生存能力）。

可能你还不明白，很多人把水放在第一，还有人选择指南针，那我就用问题分析的逻辑来告诉你为什么要首先保留求助的物品，而不是人们第一反应要保留的水（假如只有水，不能让你安全回来）。

我们把物品进行归纳，可以分为这几类：生存类、安全类、信号类、方向类。要安全回来，可以采取两种策略，分别是自救和他救。

题目中说了身处沙漠，因此你自救很容易迷路，采取他救是最好的方法，而他救最重要的就是信号类物品，附表 1 中为不同模式下对物品的选择和排序。

附表 1　在不同模式下对物品的选择和排序

物品分类	自救模式排序	他救（等待救援）模式排序
生存类	1	2
安全类	3	3
信号类	可以忽略	1
方向类	2	可以忽略

信号类中最好的就是镜子，而如果你选择自救模式，至少要有两种物品才能存活下去（生存类 + 方向类），所以从这里也可以看出为什么要选择等待救援，这道题考验的就是如何分析问题，无论你第一选择镜子，还是用枪来发出信号吸引注意，或者用降落伞来吸引救援队，都是在等待救援模式下的考虑，都算正确的思维，而如果一开始选水，甚至选书、刀，恐怕就得在沙漠一直待下去了。

致谢

我从 2016 年开始发布微信公众号"胡言非语",认识了非常多渴望进步的职场人,他们缺乏系统的方法,缺乏务实有效的引导。当看到他们出现了走偏或者无效学习时,我产生了"神奇"的责任感,我希望将自己在过去的职业生涯中见到、见证的很多成功人士的做法,以及自己在创业、担任企业高管的经历中的心得和实践,归纳总结后写出来,以尽可能帮助更多的职场朋友。在写作过程中我时常忆起自己的职场之路,感谢那些在我的个人发展过程中给过我压力和磨炼我的人。

在繁忙的工作之余要静下心来好好写作是有着较大挑战的,甚至我在 2022 年放下了半个月的工作,跑去海边的酒店住下来,以期能专心写作,最终在多方支持下得以完成这本书。

　　有幸得到了机械工业出版社的信任和支持，尤其是策划老师的悉心指导，我们对本书框架的几次探讨花费了不少时间，我感受得到策划老师对读者负责的真心。

　　感谢一直以来无条件支持我的朋友们，尤其是胡言非语"奋斗小分队"的朋友们在我写作过程中对我的鼓励，特别感动的是，一些朋友得知我写书的题目后便热心地购买了数本国内外相关图书寄给我参考。每当思路受阻或无法坚持写作时，是这些关爱和支持让我继续下去，只是受制于本人的能力，本书可能仍存在诸多不足，希望朋友们包容。

　　感谢我的一双儿女，尤其是女儿，她已经懂事，在她眼中，爸爸在讲台上是光芒万丈的，她觉得写书是一件非常了不起的事，在新年日记里写下了"我希望成为爸爸那样的老师"，这给了我无与伦比的勇气和动力，所以我更愿意努力成为她眼中的英雄，为此我要不断地提升认知、持续学习。

　　衷心感谢机械工业出版社的信任以及编辑老师们对我的大力支持，机械工业出版社有太多经典的图书，陪伴了我的成长，本书也做了许多引用，感恩。

　　感谢我曾任职及合作的企业，这些经历让我对职场人的发展有了更为深刻的理解和方法实践。

　　值得一提的是，在工作中我接触了许多的优秀职场人，他们时刻都在向上努力，追求更大的价值贡献，并且散发出持续的光芒去影响他人进步。有数位优秀的职场人一直在我的公众号"胡言非语"上进行公益分享，鼓舞他人上进，是他们让我有充足的动力来创作本书，希望能为我国职场人奉献一本系统且实践性强的发展指导，能够减少功利心，助力正确发展和不断提升自我职场价值的书。

推荐阅读

读懂未来前沿趋势

一本书读懂碳中和
安永碳中和课题组 著
ISBN：978-7-111-68834-1

双重冲击：大国博弈的未来与未来的世界经济
李晓 著
ISBN：978-7-111-70154-5

一本书读懂 ESG
安永 ESG 课题组 著
ISBN：978-7-111-75390-2

数字化转型路线图：智能商业实操手册
[美] 托尼·萨尔德哈（Tony Saldanha）
ISBN：978-7-111-67907-3